# セーフティケアの介護・看護 改訂版

## 腰痛を起こさない介助技術と福祉用具

森ノ宮医療大学教授
### 上田喜敏 編著

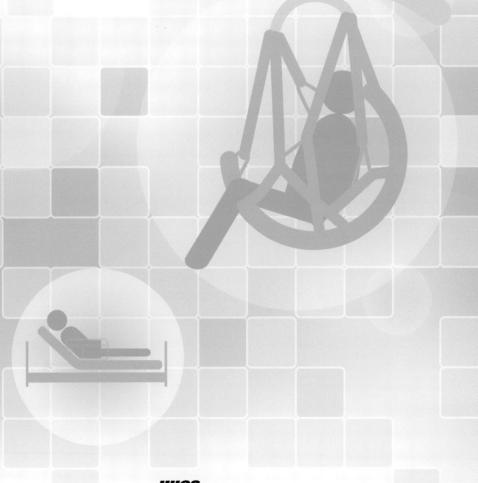

**HHCS**
ヒューマン・ヘルスケア・システム

## セーフティケアとは

福祉用具を使って介助者の身体に負担がかからないようにする介助技術。具体的には、リフト、スライディングボード、スライディングシートなどを効果的に活用し、利用者や患者をすみやかに移乗させる。これにより、介助者は腰痛を起こす危険性が少なくなり、利用者・患者ともに安全で快適な介護環境が保たれる可能性が高くなる。

# はじめに

　日本の労働産業において介護職・看護職・リハビリテーション職（以下リハビリ職とする）は、「保健衛生業」として分類されており、2016年6月に初版が出されてからも介護職・看護職・リハビリ職における腰痛被害が更に深刻の度を増している。

　1997年に375件だった労災申請者数が、初版時の3.5倍（2013年度）から、2018年には1,533件と4倍以上と悪化の一途をたどっている。2007年から、保健衛生業が他の産業界の運輸業や建設業などを抜いて連続1位も続いている。今や、全腰痛発症労災申請件数の約30%が保健衛生業となって、日本で一番腰痛が発生する危険な産業と考えられる。

　このような結果から、他の産業界が腰痛対策をはじめ安全対策を実施し、腰痛者数を減少させたように、保健衛生業の介護職・看護職・リハビリ職に安全対策を実施する必要がある。

　また、利用者／患者の側から見ても手で持ち上がられたり、握られたりすると内出血や転落の恐れも出てくる。更に体重の重たい利用者／患者にいたっては手軽にベッドから離れられないので寝たきり時間が多くなってしまう傾向がある。それによって心身機能の低下を促進してしまいより寝たきり状態を作っていると考えられる。

　本書では、介助場面から、なぜ腰痛になるのか腰痛を起こす原因について理解を進め、腰痛を起こさないための必要な福祉用具の導入について理解を深める。それによって介護職・看護職・リハビリ職など介助する側（ヘルスケア提供者）、利用者／患者など介助される側（ヘルスケア利用者）の両方が、安全に介助作業を推進できる（セーフティケア）ということを目的に述べ、ヘルスケア提供者である介護職・看護職・リハビリ職の腰痛等発症者を減少させ、ヘルスケア利用者である利用者／患者の安全・安楽に寄与できるものと考える。

移乗移動に伴う福祉用具と介助研究会<br>
森ノ宮医療大学教授　上田喜敏

# Contents

# Contents

# I　安全な介助にむけて

# 1 今までの介助の問題点と対策

## 1. 人間の構造と腰痛

　人間の体、特に脊柱は、4つ足歩行から2足歩行へ人類が移行した段階で、不安定な腰（腰部）を支えるために、腹部と背部の筋が発達した。しかし、上肢を使って持ちあげる場合に物理的な状況から、脊柱にはとても大きな力が加わっている。

　例えば、図1-1の様に腰の骨の腰椎3、腰椎4に加わる圧力を測定した結果では、立位姿勢で100%とすると、介助場面で見かけるように前にかがんで質量20kgの物を両手で持ち上げると380%の圧力が加わっている。

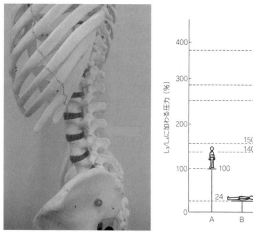
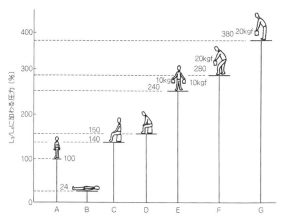

図1-1　E.グランジャン：産業人間工学（看護動作を助ける基礎人間工学：小川鉱一著より）

　繰り返して持ち上げ動作を実施すれば、当然椎間板に加わる圧力は増していく。椎間板には、重いものの持ち上げや長時間にわたるものの持ち上げは圧縮力という圧がかかる。

　前かがみや腕を伸ばすなどではせん断力の圧がかかる。椎間板は捻り動作などが入ると、ヘルニアの危険性が増すと言われている。

　椎間板は、上下にある椎骨から、椎間板に栄養素を送っている（栄養素拡散）。繰り返し椎間板に圧が加わると、椎骨と椎間板の間に傷が

発生し瘢痕組織が出来てしまう。そして椎間板に必要な栄養素が送られなくなる（拡散遮断）。栄養素が送られないと椎間板の厚みが徐々に減少し、末梢神経を圧迫する原因になる。中年以降に椎間板の厚みが減少し、身長が短くなる原因の一つとも考えられている。

　イギリスの「徒手的介助指針と方法のガイダンス」(Wirral Metropolitan College) では、「人体は持ち上げのために設計されていない」と述べており、手を伸ばしてものを持ち上げる状態は腰への負担がより大きいと考えられる。Tuohy-Main らは、看護師が典型的な 8 時間勤務中に直接患者介護で持ち上げた総重量は 1.8 トンになると報告している。

　持ち上げて少し前かがみ作業でこのような重量を持ち上げることは、腰への多大な負担になっている。勿論、腰を曲げたり伸ばしたりする繰り返し動作を頻回に繰り返すような動作も、生理学的に椎間板への負担が大きくさらに腰への負担を増してしまう原因となっている。

## 2. 損傷のトライアングル

ヘルスケア提供者は毎日の業務で
1.「力の発揮」
　介助場面でヘルスケア利用者を押したり、引いたり、持ち上げたりしている。
2.「姿勢」
　業務中の介助場面で前かがみなど腰を曲げたり、腕を伸ばして体を捻ったりしている。
3.「頻度・回数」
　持ち上げなどの無い状態で腰を曲げている姿勢や業務中に曲げなくてはならない場面などを行っている。（図 1-2）

## ヘルスケア提供者の
## 人間工学的損傷のトライアングル

図 1-2 ヘルスケア提供者の人間工学的損傷のトライアングル

　これにより、ヘルスケア提供者は腰痛や肩こりなどの疾患を発症させている。ヘルスケア利用者を介助するときの前かがみ姿勢を継続して行うだけでなく、日常業務や日常生活でも前かがみ姿勢を繰り返すことは腰痛を起こす原因になる。作業関連疾患としての腰痛の多くが慢性的な疲労による腰痛になっている。これを非特異的腰痛（または非災害性腰痛）と言う。

　腰をひねって起こるぎっくり腰やヘルニアになったという特異的腰痛（災害性腰痛）と違い、目に見えて痛くならないところに怖さがある。

　例えば、ベッドの高さを上げないで血圧を測る場面や靴を履かそうと前かがみ（図 1-3,4）になることがある。日常生活で繰り返される姿勢のチェックが必要となる。

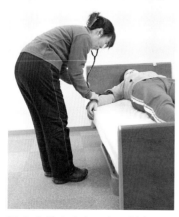

図 1-3 膝の高さの血圧測定

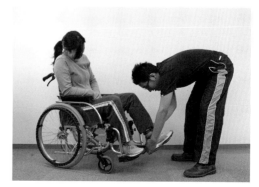

図 1-4 靴を履かせる前かがみ

損傷を起こさないためには、

1. 「力の発揮」：介助作業中に押したり、引いたり、持ち上げたりすることをできるだけ実施しない。ノーリフトにすることである。

2. 「姿勢」：不良姿勢として腰を曲げたり、捻ったりする姿勢をとらない。静的不良姿勢としては腕を伸ばして物をとろうとして体を捻る姿勢を行わないことである。

3. 「頻度・回数」：介護ベッド上の業務などどうしても曲げなければならない回数や時間的長さを減らすことである。
ヘルスケア提供者は、日常業務で以上の損傷になる危険（リスク）を減らす努力が必要になる。

## 3. ボディメカニクスの介助

　介助技術として教えられているボディメカニクスが導入された経緯は、1950 年に職業看護師・理学療法士の Margaret Winters が、「すべての看護カリキュラムの一部であるべきである」と結論を下し、その後看護学校にボディメカニクスが導入された。

　しかし、この結論を補強する理論は、「もし患者の持ち上げと介助に対するボディメカニクス・モデルに従うならば、看護師が筋緊張と疲労を防ぐであろう」ということでしたが、エビデンスによる支持もなく導入された。

　また、Nelson らは以下のように述べている。

　ボディメカニクスを用いての利用者／患者介助について、科学的根拠が無く身体的負担を軽減できないと述べている（「Safe Patient Handling and Movement： 安全な患者介助と移動」 SPRINGER PUBLISHING COMPANY より）。

　その中で労働者が「膝を曲げて背中をまっすぐ伸ばす」持ち上げ方法は、患者を持ち上げる際に上手く働かない。患者がベッドから持ち上げられる際、それを行う者は不安定な体勢と過度の前かがみが必要となる。

　同時に看護師が膝を曲げるのをベッドが邪魔をする。患者持ち上げを困難化させる他の要因には、患者の身体の大きさや体重、患者の転落や

バランスの問題、ベッドの高さ、患者の自立心や援助を不要と思う気持ちの大きさが挙げられる。加えて、身体的に依存している患者の持ち上げや移動のうち大部分（90%）は、男性に比べて上半身の力が劣る女性スタッフによって行われている。（Lloyd,2004; US Department of Labor, 2004）

また、Nelson らは、ボディメカニクスと持ち上げ技術の授業が業務上の損傷を予防する上で役立つと広く認知されているが、過去35年間の研究で介護提供者自身による努力では、他の産業と同じように介護業務におけるケガを予防しきれないことが明らかにされていると述べている。

さらに、持ち上げに関わる生体力学的負荷（作業を行う際に身体に強いられる力）は最初に腰部に影響し、身体の他の箇所、特に膝と肩は重い負荷を繰り返し、結果として危弱になり損傷を起こすことがある（Gagnon, Chehade, Kemp, & Lortie, 1987）。看護師が背筋を伸ばして膝を曲げて荷物を持ち上げることを教わる際、大抵バランスは考慮されない。負担の大きい患者介助業務は持ち上げだけでなく、介護技術はもっぱらこの業務に注目してきた（Owen & Garg, 1990）。

調査では、看護師は労働時間の内20～30%を患者の入浴や着替えなどの業務において前かがみまたは、身体を捻った姿勢でいることがわかった。訓練プログラムでは患者の持ち上げ、方向転換、姿勢変換でベッ

## ボディメカニクスで介助作業腰痛は防げない

American Nurses Association（ANA）アメリカ看護協会：

### MYTHS AND REALITIES（作り話と現実）

| Myth | Reality |
|---|---|
| Proper body mechanics (including the use of gait belts) prevent patient handling injuries. | Decades of research shows that "proper" body mechanics are not an effective way to reduce injuries. There is no such thing as safe manual lifting. |

| 作り話 | 現実 |
|---|---|
| 適切なボディメカニクス（歩行ベルトの使用を含む）で患者介助損傷を防ぐことができる。 | 数十年間の研究が、「適切な」ボディメカニクスが損傷を減らす有効な方法でないことを示している。安全な手での持ち上げはない。 |

図 1-5　ANA のパンフレットから

ドやストレッチャーなどの水平移動で頻繁に行われ、看護師が脚の強い筋肉よりも比較的弱い腕や肩の筋肉を最初の持ち上げる力として使わなければならないことを考慮していない。

　また、アメリカ看護師協会（ANA）は、ナショナルスタンダードの啓発パンフレットの中（図1-5）で以下のように説明している。

　作り話として「適切なボディメカニクスで患者介助損傷を防ぐことができる」と述べ、現実として「数十年間の研究が適切なボディメカニクスが損傷を減らす有効な方法でないことを示している。安全な手での持ち上げはない」と説明している。

　「良いボディメカニクスを実施すると腰痛を防止でき、あなたが腰痛になった原因は正しい技術が出来ていない」というような指摘があるが、はたして如何なものだろうか？


　医療介護の分野で業務省力化が進まない背景に医療介護は、人の手でするといった概念（後述するが、ヘルスケア利用者へのリスクを加えている）や機械は良くないといった考え方にとらわれて業務省力化が推進されていない。

　また、ボディメカニクスの初期の頃には残念ながら電動リフトやその他の移乗・移動関連の福祉用具が開発されておらず、唯一介助者の身体を守る手段だったことが原因で、1990年代から医療福祉に工学的技術革新（イノベーション）が進んでいる時代に、70年以上前の方法を踏襲している。

　ボディメカニクスについては看護教育の中で導入された初期の頃から、腰痛報告もされており介助者の持ち上げによる介助の時代は終わろうとしていると考えられる。

# 4. エビデンスに基づいた介助負担

## ① 持ち上げ移乗とスライディングボード移乗の比較

　ヘルスケア利用者が、足に荷重をかけて立ち上がることが難しい場合に介助者が持ち上げてベッドから、車いすへ移乗を実施している。

　これは介助者の腰や背中への筋肉の負担が大きくなっている。実際に介助者の腰の筋肉（腰部脊柱起立筋）に表面電極を装着（図1-6）し、持ち上げ技術（図1-7）とスライディングボード（図1-8）による座位移乗を筋電計で計測すると以下のような結果となった。

図 1-6 筋電表面電極

　同じ人の腰の筋肉に電極を装着した状態で測定すると持ち上げとスライディングボードによる座位移乗で最大値平均値とも約 1/2 の筋肉の収縮になった。

図 1-7 徒手的持ち上げ移乗

図 1-8 スライディングボード

| 持ち上げ時 | |
|---|---|
| 最大 | 2.42 μV |
| 平均 | 1.11 μV |

| スライディングボード時 | |
|---|---|
| 最大 | 1.15 μV |
| 平均 | 0.65 μV |

## ② ベッド高さの違いによる腰の筋肉への負担

　介助者が、ヘルスケア利用者をベッド上で介助するときにベッドの高さ機構を利用しないで、介助者の膝の付近でベッド介助作業を実施する場面を見かけるが、作業場面で介助者の十分な高さまで上げないと前かがみ姿勢になり、腰の負担が大きくなる。

　図1-9は、15人の被験者に表面電極を装着して膝の高さ、膝と腰の中間、腰の高さで、10kgの重りを30秒間持ち上げた時の平均の筋電積分測定結果である。膝の高さで作業をしたときに比べ腰の高さで作業すると約30%の筋電積分値が減少し、腰の高さで作業をする方が安全であった。

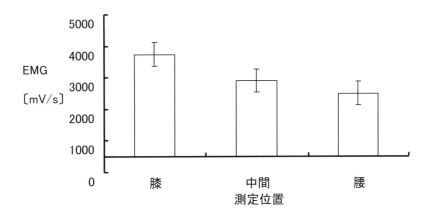

図 1-9　平均積分値と偏差

# ❷ 介護・看護・リハの人間工学

## 1. 人間工学に基づいた介助

　人間工学は人間の安全・健康、快適性やパフォーマンスをよくするために人間と機械（システム）との調和を考える学問である。

　その人間工学として国際標準化機構（ISO：International Organization for Standardization）の技術委員会（TC：Technical Committee）からTC159人間工学が発行された。この技術報告書は、様々な産業界に手作業の負担評価を低減するための人間工学に基づいたガイドラインとして出された。

　この中で手による持ち上げの1回あたりの重さを質量3〜25kg以下にするといったことが書かれた。これにより保健衛生業以外の産業界では、人間工学に基づいたシステムの変更、機械化や技術革新が実行され、それにより日本でも保健衛生業以外の他産業界で腰痛による労働災害が減少している。（図2-1）ちなみにISO/TC159は、デジュール標準で国際標準として認められている（デジュール標準：公的に認められている標準化団体が、明文化され、公開された手続きによって作成された世界標準）。

　改善として例えば、1990年代に運輸業でトラックの荷物を運転手が、荷物を持ち上げて降ろしていた為に労災腰痛発症が2位だったが、改善後はかご台車と言う荷物を運ぶ台車があり、トラックから台車を下ろすためにパワーゲート（図2-2）という昇降機が付いている。

　もちろんかご台車の中にトレイで品物が入れられており、手による持ち上げの1回あたりの重さ25kg以下になるようにされている。

　その他にも理髪店の椅子は、カットする作業者の目線の高さまで椅子が昇降することで、カットする作業者が腰をかがめた作業をするのを防いでいる。また、品物を仕分けするためにロボットによる機械化を成し遂げた産業界もある。

　【規格内容概要】作業の合理化や機械化が進んだ状況下でも、作業のつなぎ目に人力に頼らざるを得ない過程が数多く残されており、相対的に負荷の大きな作業となっている。これが遠因となって、腰痛を始

めとする健康への影響を与えていることも明らかになっている。人力依存作業のうち、成人男女が一人で行う手作業に的をしぼり国際標準を定めようとしている。

第1部では、質量 3kg 以上 25kg 以下のものを扱う持ち上げ作業と運搬作業を対象としている。（ISO 日本委員会 TC159 資料より）

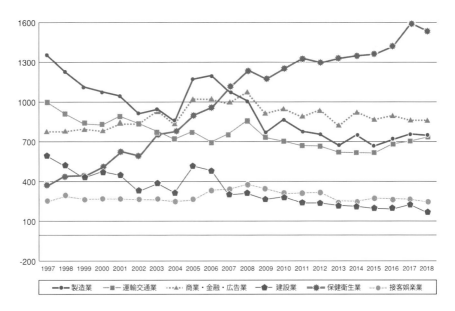

図 2-1 腰痛による休業件数 （平成 9 年度〜平成 30 年度厚生労働省業務上疾病発生状況等調査より作成）

図 2-2 パワーゲートとかご台車

# 2. 日本の職場における腰痛対策指針

日本では平成 6 年に旧「職場における腰痛予防対策指針」（平成 6 年 9 月 6 日労働基準局発第 547 号）が公布されていた。

## ① 旧・職場における腰痛予防対策指針

旧「職場における腰痛予防対策指針」では以下の事について指針が出されていた。

(1) 重量物取扱い作業
(2) 重症心身障害児施設等における介護作業
(3) 腰部に過度の負担のかかる立ち作業
(4) 腰部に過度の負担のかかる腰掛け作業・座作業
(5) 長時間の車両運転等の作業

重量物取り扱い作業では、1 回当たりの持ち上げられる限度を男性の場合、体重の 40%とされていて、女性は男性の持ち上げ限度の 60%とされていた。

例えば、男性 60kg なら 1 回当たり持ち上げられる重さは 24kg となる。女性の場合は、14.4kg となる。もし体重 50kg のヘルスケア利用者が自分で立てない人だと、男性 2 人介助でも重さ制限が越えてしまう。

さらに「平成 23 年に休業 4 日以上の休業を要する腰痛は職業性疾病の 6 割を占め 4,822 件発生した。この内業種別で社会福祉施設が約 19%を占めている。今回介護業務に関する腰部に負担の少ない介護方法など、その後得られた腰痛予防の知見を踏まえて改訂する必要がある」として平成 25 年に「職場における腰痛対策指針」（平成 25 年 6 月 18 日）が改定された。

## ② 平成 25 年 新・職場における腰痛予防対策指針

改定された指針では、福祉・医療等における介護・看護作業として範囲を拡大し、対象となる現場は、以下になった。

・高齢者介護施設（特養・老健）
・障害児者施設（療護）
・保育所等の社会福祉施設（保育所）

・医療機関（病院・療養病床など）

・訪問介護・看護

・支援学校

腰痛発生の要因を特定し、リスク対策をすることとなった。

「介護・看護等の対象となる人の要因」：対象者の介助の程度

「労働者の要因」：腰痛の有無や筋力などの個人的要因

「福祉用具の状況」：必要な機能と数量

「作業姿勢・動作の要因」：抱え上げ、不良姿勢、頻度、時間

「作業環境の要因」：作業空間や高さ、段差など

「組織体制」：作業人数や交代勤務の回数

「心理・社会的要因」：腰痛を感じながらの勤務によるストレス


低減処置の検討及び実施（対策方法）

・作業姿勢・動作の見直し：

　人力による抱え上げを原則しない。リフト・スライディングシート・スタンディングマシーン（スタンディングリフト）の利用。不自然な姿勢（前屈・中腰・ひねり、反り等）と不安定な姿勢、頻度・時間的長さを考慮する。

・作業実施体制：

　福祉用具導入が困難な場合、身長差のない2名以上で抱え上げをすることや一部の職員に負担の大きい作業を集中させない（組織による人員配置の再編や作業環境の見直し）。

・作業標準の作成：

　対象者ごとの作業手順、利用する福祉用具者、人数、役割分担を作成することや介護サービス計画（ケアプラン）に書き込むこともできるとした。


その他にも新しい指針では、方法が書かれた。

・休憩、作業の組み合わせ

・作業環境の整備

・健康管理

要点としては、以下のようになる。

・福祉・医療等における介護・看護作業では、リフト等の福祉用具を積極的に使用し、原則として人力による人の抱え上げは行わないこと（上げなくてはならない場合、身長差の少ない2人以上で作業すること）

・スライディングボードやスタンディングマシーン（スタンディングリフト）等の使用を検討し、対象者に適した方法で移乗介助を行うこと（利用者評価）

・ベッドの高さ調整、スライディングシート等の活用により、前屈（前かがみ）やひねり等の姿勢は取らないようにすること、特にベッドサイドの介護・看護作業では、労働者が立位で前屈にならない高さまで電動ベッドを調整して、作業をすること

・対象者の状態、福祉用具の状況、作業人数及び時間等を考慮して、介助作業ごとに作業標準を策定し、定期的又は対象者の状態が変わるたびに見直すこと

## ③ ISO（国際標準化機構）技術報告書

　ヘルスケア提供者は、世界中で腰痛をはじめとする背部損傷に遭っている。その対策としてヘルスケア部門の人間工学に基づいた業務改善が必要になっている。そして、ヨーロッパやアメリカ、オーストラリアなどでは、腰痛問題に対応するために人間工学に基づいた業務改善策が実施され、ISO（国際標準化機構）から技術報告書「人間工学：ヘルスケア部門の徒手的介助」（Ergonomics : Manual Handling of People in the Healthcare Sector）が、2012年6月に出版された。

　この報告書は、IEA（国際人間工学連合）から問題提起され、欧州のケア現場でヘルスケア提供者が筋骨格損傷（MSD）を減少させたことから、欧州患者介助人間工学委員会（European Panel of Patient Handling Ergonomics ＝ EPPHE）が中心的にまとめあげた。

この報告書の目的は：

・ヘルスケア提供者にとって安全な職場環境を提供する（介護士・看護師の安全）

・ヘルスケア利用者の安全、安楽、尊厳、プライバシーとケアの質確保（患者／利用者の安全）

を目的として考えられた。

　言いかえれば「安全な患者 / 利用者介助」（セーフティケア）ということになる。英語で「Safe Patient Handling」（SPH）となる。Patientには利用者も含まれる。

　報告書では、介助中のリスク分析や評価をする。（図2-3）それは人的要因・人的資源と環境要因といった要因を分析する。

　例えば、ヘルスケア利用者の心身機能、介助回数、姿勢と力の発揮、設備や福祉用具なのか、建物をはじめとするスペース、職員教育やトレーニング（訓練）と言ったリスク分析をする。

　リスク分析や評価から導き出された結果から対応方法や解決方法を導き出す。そして管理者は、リスクを減らすためにマネージメントを実施する。勿論金銭的な面も含まれる。

ISO Technical Report 12296 では
介助中のリスク（危険）分析や評価
人的要因・人的資源と環境要因
（患者の機能、介助数、姿勢と力、設備、スペース、教育とトレーニング）

**リスクアセスメント**
（リスク（危険）分析や評価から
対応方法や解決方法を出す）

**リスクマネージメント**
（リスク - アセスメントの結果に基づいて、対応として危険度を
一定値以下に抑えるために管理（禁止を含む）する手法）

図 2-3 技術報告書の一連の流れ

　介助する側の安全・快適だけでなく、介助される側の安全・安楽を追及し、勿論福祉用具などを利用するが、それだけではなく何よりも重要なのは、以下のことになる。
1. 職務環境の変化（職場環境を改善する）
2. 研修の必要性（安全教育と福祉用具介助技術訓練）
3. 技術 / 設備の購入（福祉用具［介護ロボット・ICT 含む］・設備の導入）
4. 業務・職務環境をデザインする（日課などを調整する）
　以上のことによる包括的参加型アプローチとして実施していることである。

　技術報告書をまとめると「一日のヘルスケア利用者の状態を考慮して介助回数を考え、ヘルスケア提供者の数をどの時間帯に配置するのか（日課などの見直し、効率追求）、十分な福祉用具を導入して（必要な福祉用具の数）、機器を使う部屋の大きさを検討する。そして何よりも、介助する人の身体に及ぼす悪影響（腰痛）を教え、これに代わる福祉用具を使った介助技術訓練を十分に実施する。その目的は、ヘルスケア利用者の安全、安楽を提供する。そして、組織として方向性を打ち出し、金銭面でも取り組むべきである」ということになる。

　単純に福祉用具を導入しようとしても「時間がかかる」「面倒くさい」といった声を聞くが、なぜ必要かを理解する必要がある。またその為の対応方法として一日の日課などを含めた業務全体の改善が必要になる。

　具体的にはケアの作業がどれくらいの危険（リスク）があるかを分析し、それに対する解決方法（リスクアセスメント）を導き出すことによって危険を下げることを実施する。管理者はそれに必要な設備投資などの金銭面のリスクマネージメントを行うことになる。

# 安全な介助のためのリスク評価

## 1. リスク分析

### ① ヘルスケア利用者（患者 / 利用者）のリスク

　立位や立ち上がりができないヘルスケア利用者を持ち上げた介助をしたり、寝返りやベッド上移動が出来ないヘルスケア利用者をベッド上で動かそうとしたりすると次のような危険（リスク）が生じている。

#### ①引きずりによる褥瘡（床ずれ）の悪化や発生を助長

図 3-1
引きずりのよるベッド上移動介助

　ベッド上で頭側へヘルスケア利用者を動かそうとしても体重が重たいのでベッド上を引きずって引き上げることになる。これにより、マットとヘルスケア利用者間に摩擦が発生し、突出部などに褥瘡（床ずれ）を発生させ、褥瘡（床ずれ）が出来ているヘルスケア利用者をより悪化させる原因となる。褥瘡には、摩擦による褥瘡（床ずれ）と圧迫による褥創（床ずれ）があり、摩擦を減らす必要があると考えられる。（図 3-1)

#### ②車いすのフットサポートによる足部（下腿）のケガ

図 3-2 介助中足元が見えない

　立ち上がりが不十分なヘルスケア利用者を徒手的に持ち上げてベッドから車いすへ移ろうとしたときヘルスケア利用者が自分で足を動かせないと車いすのフットサポートなどに脛（（すね）＝下腿）にぶつけてしまい怪我を発生させる原因となる。勿論、予防には、車いすのフットサポートが着脱式の方が安全となる。（図3-2)

### ③利用者／患者を無理やり持っての骨折

　立ち上がりが不十分なヘルスケア利用者を徒手的に持ち上げるとき、ヘルスケア提供者が、ヘルスケア利用者に持つところがないのでズボンを持って引き上げたり、脇や腕を強く持ったり、胸にヘルスケア提供者の腕を回して挟み込んで持ち上げたりすると骨粗鬆症や動脈硬化で血液循環が悪いヘルスケア利用者では、骨折や皮膚の内出血によるアザが発生する原因となる。（図3-3）

図3-3 前腕をつかんで持ち上げ

### ④限度を超えた持ち上げでの転倒事故

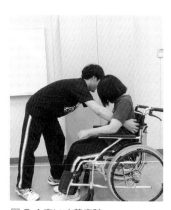

図3-4 車いす着座時

　限度を超えた持ち上げは、ヘルスケア利用者のバランスが崩れたときに一緒に転倒するか、無理な姿勢を取らざるを得なくなり、腰痛を発生させる。また、徒手的な介助では、持ち上げ時から着座時にヘルスケア提供者がヘルスケア利用者を支えきれないでストンと落としてしまうことになる。これではヘルスケア利用者が軽い尻もちをつく状態になる。

　このような危険を意識するとヘルスケア利用者の安全な移乗移動を実施するには心身機能評価を実施し、福祉用具の利用を含めたより安全な介助方法を選ぶ必要がある。

## ②ヘルスケア提供者のリスク

　ヘルスケア提供者にとっても徒手的介助による持ち上げや移動で様々な危険（リスク）を被っている。

### ①腰に常に影響する目に見えない身体的負担

　ヘルスケア利用者を徒手的に持ち上げたり降ろしたりするときに、常に腰や肩の筋肉や椎間板に負担がかかっているにもかかわらず、目に見えないので慢性疲労や疲労の限度を超えて腰痛を発症する危険にさらされている。

### ②急な動きや体を捻じることによるぎっくり腰などのトラブル

　介助中にヘルスケア利用者が、急にバランスを崩したときなどに支えようとしてぎっくり腰などの事故を起こしたり、介助中に腰を捻じる動作をしたりすることでトラブルが発生する。

### ③慢性的な疲労による精神的ゆとりの消失

　介助リスクとして作業姿勢と重量負荷・頻度／作業時間・作業環境（損傷のトライアングル）があるが、作業姿勢としての不良姿勢だけでなく、頻度／作業時間が長くなると慢性的に疲労が蓄積する。それによりヘルスケア提供者の肉体を使った機械的処理（ランプ症候群と言う）やヘルスケア利用者への接遇や処遇が低下し、虐待につながる恐れもある。いわゆるヘルスケア利用者を物扱いする「ヨイショ」。

　いずれにしてもヘルスケア利用者とヘルスケア提供者の両者にとって危険が増加し、介護の品質の低下になる。

## 2. 場面ごとのリスク

### ①ベッドを上げないでの作業

　　腰を曲げている。介助で持ち上げ作業をするとより椎間板・腰部脊柱起立筋への負担が増している。

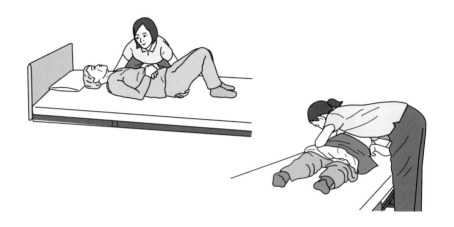

### ②起き上がり介助

　　腰を曲げて介助しているが持ち手がないので不安定なヘルスケア利用者の場合だと持ち手の代わりに首をつかむことになる「利用者は猫でない」。

### ③作業中の危険は

　長時間前かがみ姿勢で車いすやベッドを押すことになると椎間板・腰部脊柱起立筋への負担がある。特にベッド移動させる場面において前かがみで押すことは危険になる。

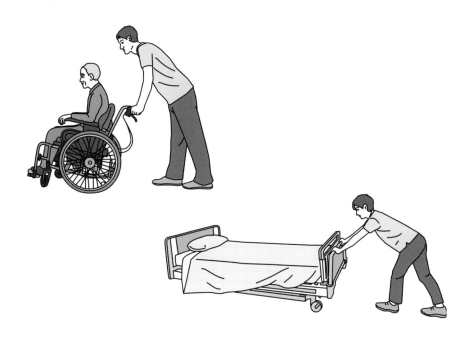

### ④トイレ介助中

　脱衣の問題として不安定立位の保持は、非常に負担がかかり、かかえている時間も長くなり、椎間板・腰部脊柱起立筋への負担がある。

　その他にも数多くの作業場面でリスクが潜んでいる。業務中のリスクを見直す必要がある。それに対してどのような解決方法が必要か、考えることがリスクアセスメントになる。

# ④ 負担の少ない介助方法

## 1. 負担の少ない介助姿勢

### ① 持ち上げ・姿勢の原則

　介助作業場面で必要な持ち上げや姿勢について以下に注意して介助作業を実施することが安全である。

### ①脊柱が自然なカーブを描き、垂直になっているか？

　腰椎部（腰）が前方に曲がって（前彎）、胸椎部が後方に曲がって（後彎）、頚部が前に曲がった（前彎）状態で、後ろから見た時に左右に傾かない状態となっている。そして、垂直に脊柱がなっている。これは過度に脊柱を曲げたり、傾けたりすることを防ぐ（図4-1、図4-2）。

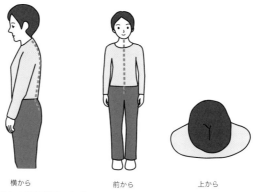

横から　　　　　前から　　　　上から

図 4-1　負担のない自然な立位

図 4-2　負担のある姿勢

## ②足の基底面の中に重心が位置しているか？

　立っている左右の足の中に重心を持って行く。これは、体の中心に重心位置があると腰に加わる負荷は減少する。腰を曲げたおじぎなどの姿勢で持ち上げをすると重心が、足下より前になってしまい、腰に加わる負担が増大する（図 4-3、図 4-4）。


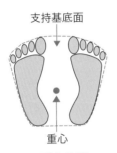

図 4-3　重心位置

図 4-4　重心線と支持基底面

支持基底面

重心

## ③移動する方向に足が向いているか？

　持ち上げる方向に足の位置が向いている。①と②を実施したとしても持ち上げ方向に足の位置を持っていかないと持ち上げたときに腰をひねることになってしまう。腰をひねる動作も負担が大きくなってしまう（図 4-5）。

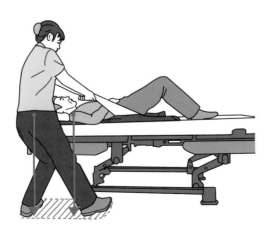

図 4-5　足を移動する方向で前後に重心を動かす

4

負担の少ない介助方法

### ④腕だけで引いていないか？

図4-6 ボディメカニクスで頭側へ動かすが腰も曲がっている

ヘルスケア利用者を介助者の腕の力で動かすのではなく、図4-5のように大きくて強い筋肉である足を利用した体の移動を使うと、肩や首への負担が減少し、腰への負担も減少する。

また、押したり引いたりするときに腕がヘルスケア利用者に届かなかったり、届かせようと体を曲げると腰に負担が加わる。腕の延長になるシーツやベルトを利用し、体を曲げることを防ぐことができる。

同様に腕を伸ばした状態で持ち上げても負担が大きくなる。ヘルスケア利用者の体幹に近づけることが大切となる（図4-6）。

## ② 介助作業時の姿勢

### ①ベッド作業は正面で、高さを上げる

ベッド上で体の正面でできるだけへそに近い場所で実施、足幅は肩幅になるようにする。（図4-7、4-8）体幹に捻りを入れない。

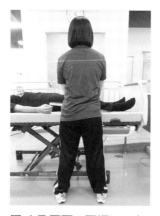

図4-7 正面で肩幅にて立つ

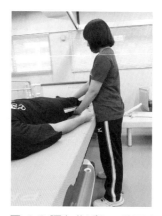

図4-8 腰を曲げない位置まで

## ②側臥位にする場合

　ヘルスケア利用者を側臥位に転がす場合は、足を前後にし、重心移動する。（図4-9、4-10）介助中は腕を伸ばした状態で持ち上げも同様に負担が大きくなるので、ヘルスケア利用者の体幹に近づけることが大切である。

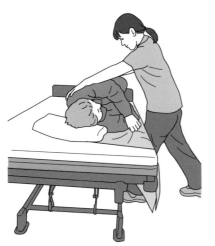

図4-9　腕で引かないで重心移動でする

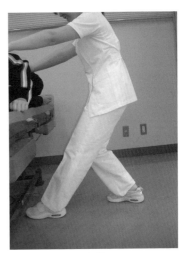

図4-10 重心移動

## ③握り方

　介助作業中にヘルスケア利用者の左右の肩を保持すると誘導がしやすくなる。この時指で握らない（ソフトタッチ）。指で握ると高齢者の場合、皮膚の内出血の原因（青あざ）となる。（図4-11、4-12、4-13）

図4-11 左右の肩に

図4-12 同じ位置で

図4-13 指先で握らない

# ⑤ 移乗方法のアセスメント

　ヘルスケア利用者の移乗を支援するには、利用者の心身機能の状態をアセスメントする必要がある。これによりどの移乗用具を利用するべきかが判る。

　アセスメントシートとして、簡易移乗介助選択シート（テクノエイド協会福祉用具シーズ vol.23「はじめてのスタンディングリフト」）による移乗方法がある（図5-1）。

大まかなヘルスケア利用者の状態像は以下の通りである。

## ①自力で安定した立ち上がりができる

　ヘルスケア利用者が何もつかまらずに端座位から立ち上がりや方向転換、立位保持ができる状態で、立ち上がる高さが低い場合は不安定になるなら、高さを調整して立ち上がる。福祉用具としては、電動ベッドによる高さ調整をすることがある。

## ②何かにつかまれば立ち上がり方向転換ができる

　端座位が保て、手すりや移乗用のバーにつかまれば自力で立ち上がれる。可能な福祉用具としては設置型手すりや移乗用の手すりを利用する。

### ③手すりなどにつかまる力があり、自力や誘導でお尻を浮かしたり、左右に身体を傾けることができる

　端座位を保て、臀部を挙上し、左右への重心移動が可能であったり、手すりなどで立ち上がれるが立位保持が長くできない状態など。福祉用具としては、非電動スタンディングリフトによる立ち上がり。一人で移乗する場合だと、スライディングボードを利用する。

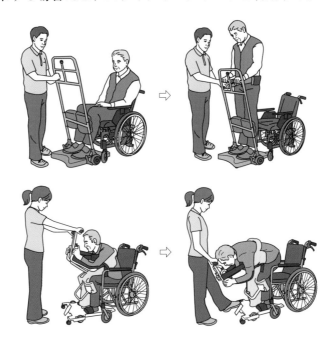

### ④座位を保つことができ、お尻を左右に傾けることができる

　端座位は保てるがややバランスが不良で③の状態のように立ち上がることが難しい場合に立ち上がりを援助する福祉用具となる。福祉用具として電動スタンディングリフト、非装着型移乗ロボットなどによる立ち上がり。またはスライディングボードを利用した介助による。

## ⑤座位を保つことが困難起き上がりも全介助が必要、骨や股関節（可動域制限）に痛みなどの問題が無い

　④よりも座位を保つことが困難で起き上がりも全介助が必要な寝たきり状態の方で、骨や股関節（可動域制限）により痛みなどの問題が無い場合に移乗を支援する。福祉用具としては、リフトになる。

## ⑥関節拘縮、痛みなど全身状態不良で寝たままの姿勢

　⑤よりも重篤で股関節を曲げると骨折するリスクがある場合など、痛みや全身の筋力低下の方を移乗する。移乗先もリクライニング車いすやストレッチャーになる。福祉用具は、全身用スライドボードやエアシステムによる支援になる。

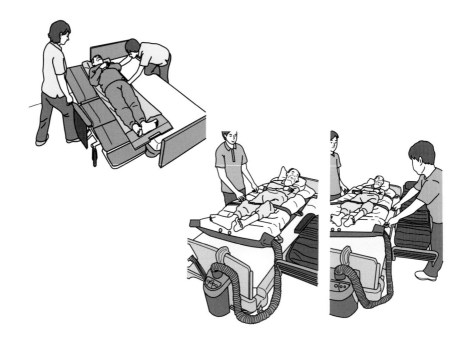

# 簡易移乗介助選択シート

2018 年度

　このシートは、ベッド・車椅子・ポータブルトイレなどへの移乗方法を選択するシートです。利用者／患者によって、身体機能が変化した場合や認知症などで協力的でない場合は、安全性を考慮した上で移乗方法を検討して下さい。身体状況がよくわからない場合は、専門職に相談の上、一緒に検討してください。

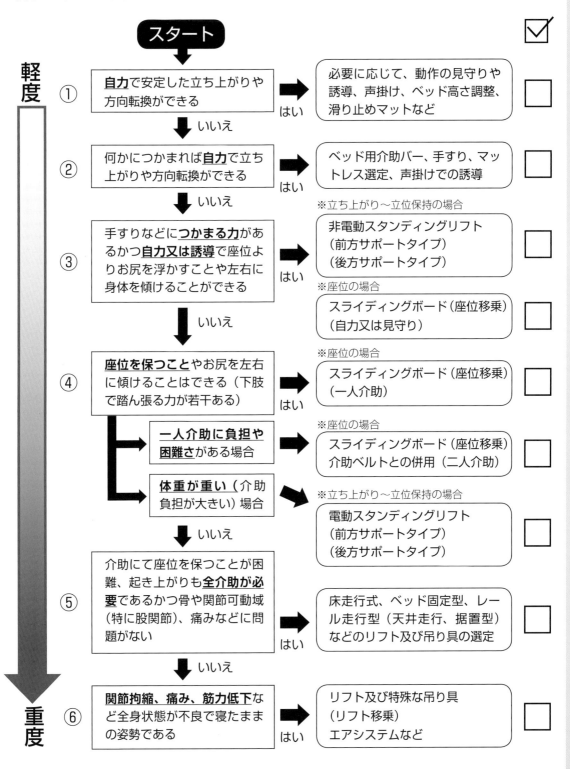

**スタート**

軽度

① 自力で安定した立ち上がりや方向転換ができる → はい
　必要に応じて、動作の見守りや誘導、声掛け、ベッド高さ調整、滑り止めマットなど

↓ いいえ

② 何かにつかまれば自力で立ち上がりや方向転換ができる → はい
　ベッド用介助バー、手すり、マットレス選定、声掛けでの誘導

↓ いいえ

③ 手すりなどにつかまる力があるかつ自力又は誘導で座位よりお尻を浮かすことや左右に身体を傾けることができる → はい
　※立ち上がり～立位保持の場合
　非電動スタンディングリフト（前方サポートタイプ）（後方サポートタイプ）
　※座位の場合
　スライディングボード（座位移乗）（自力又は見守り）

↓ いいえ

④ 座位を保つことやお尻を左右に傾けることはできる（下肢で踏ん張る力が若干ある） → はい
　※座位の場合
　スライディングボード（座位移乗）（一人介助）

　一人介助に負担や困難さがある場合 →
　※座位の場合
　スライディングボード（座位移乗）介助ベルトとの併用（二人介助）

　体重が重い（介助負担が大きい）場合 →
　※立ち上がり～立位保持の場合
　電動スタンディングリフト（前方サポートタイプ）（後方サポートタイプ）

↓ いいえ

⑤ 介助にて座位を保つことが困難、起き上がりも全介助が必要であるかつ骨や関節可動域（特に股関節）、痛みなどに問題がない → はい
　床走行式、ベッド固定型、レール走行型（天井走行、据置型）などのリフト及び吊り具の選定

↓ いいえ

重度

⑥ 関節拘縮、痛み、筋力低下など全身状態が不良で寝たままの姿勢である → はい
　リフト及び特殊な吊り具（リフト移乗）エアシステムなど

移乗移動に伴う福祉用具と介助研究会作成より改変

#  それぞれの移乗介助の研修方法

　ヘルスケア利用者の心身機能を評価した上で、移乗・移動介助をするためにそれぞれの福祉用具を利用した介助技術が必ず必要になる。

　新しく福祉用具を利用した技術を修得する場合などは、職場や施設で数回に分けて全員に研修を実施することや施設内で福祉用具操作技術試験をする必要がある。

　この研修・試験を実施しないとヘルスケア提供者の福祉用具を利用した介助技術のレベルが一定にならなくなり、福祉用具操作技術レベルが不安定になる。

　そのために福祉用具介助技術を中心となって指導する人が必要である。例えば、リフトリーダー養成研修を受けた職員で、リフトについて知っている職員など。(リフトリーダー養成研修：テクノエイド協会が実施しているリフトと腰痛対策の講習会など)

　この研修が十分でないと、ヘルスケア利用者の事故につながる危険が発生する。伝達講習程度でリフトの研修をしている施設では、ヘルスケア利用者の転落事故が発生する可能性が高い。

　年間計画で新しい技術や既に取得している技術の再学習など安全学習を定期的に実施する必要がある。また、職場で技術の意見交換や福祉用具技術研修を通して介助を受けることでその福祉用具の使い勝手を確認することができる。

　工場などで実施している QC サークルと同じように介護品質を改善する必要がある。


　QC サークルとは、一般産業界の工場などで職場内で品質管理を行う従業員グループで品質や生産性向上のほか従業員の自主性や経営への参加意識を育てる活動をいう。

# 7 安全な移乗介助に必要な設備と職場環境

　福祉用具導入後に以下の点を参考にすると働きやすい職場環境整備ができることになる。

## ①リフトのメンテナンス

　床走行式リフトなどを利用しないときに収納できる場所を確保し、利用時にバッテリー切れにならないためにバッテリーなどの保守を実施しなければならない。

### 1. 翌日使用の充電準備

　バッテリーの充電準備は、誰が担当し一日の作業終了時に翌日使える状態にセッティングするのか。

### 2. 始業点検

　吊り具の衛生面（洗濯等）の確認と吊り具の摩耗状態の確認（吊り具やバッテリー（2〜3年程度で駄目になる）は消耗品である）、等を考え、使いはじめにする職員は誰がするのか。いわゆる始業点検や清掃時の点検（5S）。

### 3. 維持管理・故障部門

　施設内でどの部署の誰が担当しているのか明確に決めなければならない。これがあやふやだと、吊り具の衛生状態が悪くなり感染症を起こす危険もある。定期的な洗濯を誰が担うのか、汚れた場合予備の吊り具を配備するなどの必要がある。リフトの不具合などでも介助作業が途中で中断することになる。故障時に修理依頼や対応する部署はどこなのかを決めておく必要がある。特にバッテリーの使用開始年月日などを台帳などに記入していない施設が多く、故障や寿命が来ているにもかかわらず使っている状態がある。同時に複数の床走行式リフトを導入すると同時にバッテリーの寿命が来る。寿命が来てからの取替え予算が同時に来る。

## ②その他の機器の収納や保管のできる場所の環境

　スライディングシートやスライディングボードなどの収納も部屋の整理整頓などの5Sと同様に考える必要がある。

決められた場所にスライディングシートを置いておく、それにより別の職員が使うときもすぐに使え、作業効率が良くなる。探し回る時間がなくなる。衛生面で消毒や選択なども必要になる。

スライディングシートも同様のメンテナンスが必要である。同じくスライディングシートも消耗品である。滑らなくなって使っているとヘルスケア利用者の皮膚障害を発生させる原因になる。これも使用開始年月日を台帳に記入し、寿命について管理する部門が必要である。

### ③施設で使えるリフトなどの福祉用具配備

リフトなどは高い費用が必要ですぐに充分な台数が購入できないときがある。リフトを有効に使うためのヘルスケア利用者でリフト対象者を集約することでリフトの使用効率が向上し、より起こしやすい環境が整備され、ヘルスケア利用者の健康維持などのサービスを向上させることになる。部屋の配置と利用時間の検討など施設環境を整備する必要がある。

### ④アームサポート脱着式の車いすなどの設備

スライディングボードなどの利用時には、車いすのアームサポートが外れないと利用できない場合がある。その他の福祉用具の整備や施設内の設備などの充実が必要になる。

### ⑤吊り具の種類

リフト移乗時に吊り具のサイズやシートの種類（フルシートやハーフシート）をヘルスケア利用者の体型や状態によって整える必要がある。1種類の吊り具で全てのヘルスケア利用者の移乗を実行することは利用者の安楽につながらないので、ヘルスケア利用者の状態（関節可動域・痛み・身長）に合わせた吊り具の選別も必要になる。ヘルスケア利用者の安楽・満足度につながる。

5S活動とは
整理：不要なものを捨てること
整頓：使いやすく並べて表示をすること
清掃：きれいに掃除をしながら、あわせて点検すること
清潔：きれいな状態を維持すること
しつけ：決められたことを決められたとおりに実行できるよう、習慣づけること

# Ⅱ 移乗方法論

# 立位移乗福祉用具

（「簡易移乗介助選択シート」P84 参照）

## 1. 安定した立ち上がりができるか？

安定した立位移乗には、4つの動作が行えることが必要である。

1）立ち上がる　2）立位を保持する　3）方向転換をする　4）静かに座る

### 1）立ち上がる

少し浅く腰掛け、足を後方へ引き、体を前へお辞儀するように立ち上がる

### 2）立位を保持する

足腰を伸ばして、体がぐらぐらしないように立つ。1分間程度の立位保持能力が必要である

### 3）方向転換をする

足踏みをして体を目的の方向へ向ける

### 4）静かに座る

座る場所を確認し、体を前へお辞儀するように静かに腰を下ろしていく

安定した立ち上がりができるか？
[はい] ⇒立ち上がり動作が安定しているか定期的に確認
[いいえ] ⇒概ねできるが、不安定なときもある

　　　　　→環境設定　（ベッドの高さ設定・滑り止めマット使用）

　　　　　→動作の見守り

　　　　　→軽介助　　　　☆見守り・軽介助の判断基準は専門職に相談

軽介助とは…
介助者がヘルスケア利用者の自然な立ち上がり動作を再現させるように、軽く支え誘導するだけで、立ち上がりができるレベル

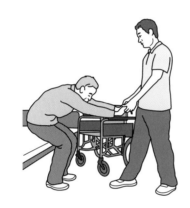

# 2. 自力だけで立ち上がることができるか？
## [いいえ] ⇒福祉用具の選定

### 1）立ち上がり介助バー

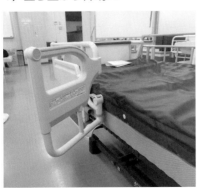

ベッドサイドレールとしてだけではなく、移動・移乗動作を支援することができる。手すり部分のデザインは豊富で、高さ調節・アーム部分を任意の位置で固定できるタイプもある

## 2) 昇降支援用手すり

住宅改修を行わずに天井と床との間で設置が可能である。天井や床に補強板を使用することにより、建物の損傷を防ぐことができる。必要により握り手や手すりを組み合わせることにより、様々な環境に適応が可能である

株式会社モルテン（バディーⅠ）

## 3) スタンド手すり

ベッドの下に土台を差し込んで、横に据え置いて使用する。手すりとベッドのフレームを固定するタイプもある。手すりの形は様々な種類があり、利用者の機能・環境に合わせて選択が可能である

矢崎化工株式会社
（たちあっぷ CKA-01）

## 4) 手動型スタンディングリフト等

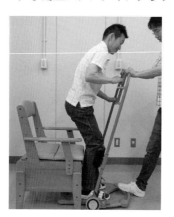

立ち上がりをサポートし、そのまま方向転換や移動ができて、トイレ動作時にも使用可能である。骨盤帯へのベルトを使用するとより安全に行うことができる。前方の手すりを持ち、パットで脛を支えて膝折れを予防する

### 5）方向転換ができないケースではターンテーブルを使用

利用者をターンテーブルの上に立たせ、その場で回転させることができる。不意に回転してしまわないように、足踏みストッパーにて制御を行う

株式会社日本メディックス
（トランスファーピボットディスク）

## 3. 移乗動作に協力的か？

移乗動作の説明や声掛けを理解し移乗動作に協力的か？

［いいえ］⇒電動スタンディングリフトまたはリフト移乗（❸リフト移乗福祉用具 P53 参照）

# ② 座位移乗福祉用具

## 1. 用具

用具：電動ベッド、ベッド柵、介助バー（P37 参照）の他に以下のものがある。

アームサポートはね上げ式または着脱式、フットサポート着脱式の車いす

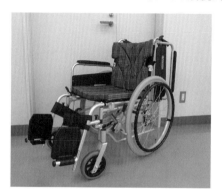 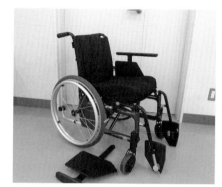

アームサポートがはね上げられたり取り外しできたりする。スライディングボードを利用することにより楽に移乗することができる

スライディングボード

パラマウントベッド株式会社（イージーグライド）

車いすとベッド間に橋渡しして、その上を横滑りするようにして移乗する福祉用具。介助者は、ヘルスケア利用者を立位介助せずに横滑りで移乗介助できる。アームサポート取り外し車いすであることが条件

シーツやベルトなど、その他の補助具を用いて移乗する方法もある。

# 2. 移乗方法

## ① 自立

ヘルスケア利用者の状態：1人で立位をとれない

背もたれなしの椅子に座ることができる

お尻を自力で浮かせることが可能な人

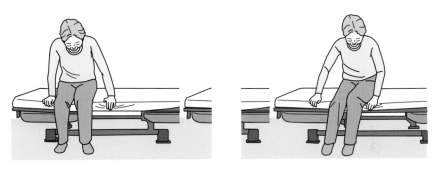

用具：ベッド、ベッド柵、車いす（アームサポートはね上げ式または着脱式）

＊ベッドから車いすへの手順：

1）車いすをベッドに近づける

2）車いすのベッド側のアームサポートを外す

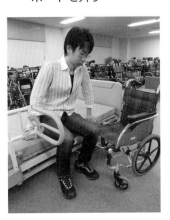

3）深く座っている場合は、お尻を浮かせてベッドの前の方へお尻を移動する

4）ベッド柵と車いすのアームサポートを持ち、お尻を浮かせて車いすへ移る

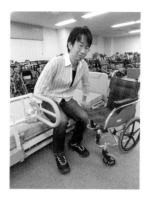  

## ② スライディングボードを用いての自立

ヘルスケア利用者の状態：1人で立位をとれない

背もたれなしの椅子に座ることができる

お尻を自力で左右へ滑らせることが可能な人

イメージ図

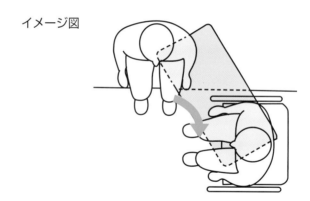

用具：車いす（アームサポート着脱式）、電動ベッド（高さ調節可能な
もの）、介助バー、スライディングボード

＊ベッドから車いすへの手順：

 　1）ベッドに平行して車いすを設置する

 　2）車いすのベッド側のアームサポートを外す

3）深く座っている場合は、お尻を浮かせてベッドの前方へお尻を移動する

4）車いす側のお尻を浮かせ、浮き上がったお尻の下にスライディングボードを差し込む

5）スライディングボードを車いすのシートの方向に向ける（シートの中央部分まではボードが乗っていることが理想的）

6）車いすの座面より少し高めにベッドの高さを設定する

7）車いすのアームサポートとベッド面（もしくは介助バー）を持ち、体を前方へ傾けてお尻を車いすへ滑らせる

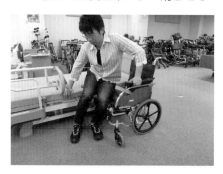

8）少し前かがみになりながら、お尻が真ん中に来るように移動させる

9）図のようにスライディングボードを引き抜く

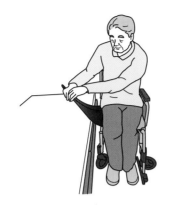

別の方法

☆安全面のワンポイント；
おしりが前に滑らないように足に
しっかり力を入れる

＊車いすからベッドへの手順：

1）ベッドと車いすの間に隙間ないか、枕元側のベッド柵に手が届くか、確認して設置する

2）車いすのベッド側のフットサポートを外し、次にアームサポートを外す
（このとき、前に倒れ込まないように注意する）

3）深く座っている場合、お尻を少し前の方へ移動する
（このとき、ずり落ちないように注意する）

4）ベッド側のお尻を浮かせ、お尻の下
にスライディングボードを差し込む
（このとき、お尻や太ももがボード
の上に乗るように注意する）

5）差し込んだスライディングボードを移動するベッドの方向に向ける

☆安全面のワンポイント：おしりが前に滑らないように足にしっかり力を入れる

6）ベッドの高さを車いすの座面より少し低く設定する

7）ベッド柵（もしくは介助バー）を持つか、ベッド面に手をつき、体を前方へ
　傾けて、お尻を滑らせてベッドへ移る

8）図のようにスライディングボードを引き抜く

## ③ スライディングボードを用いての軽介助〜中等度介助

ヘルスケア利用者の状態：1人で立位をとれない

　　　　　　　　　　背もたれなしの椅子に座ることができる

　　　　　　　　　　お尻を自力で左右へ滑らすことが不可能な人

イメージ図

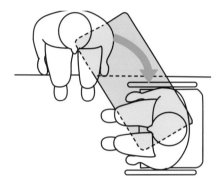

用具：車いす（アームサポート、フットサポート着脱式）、電動ベッド（高
　　　さ調節可能なもの）、介助バー、スライディングボード


＊ベッドから車いすへの手順：

1）ベッドに平行して車いすを設置する

2）車いすのベッド側のアームサポートを外す

3）深く座っている場合、介助者はベッドの前の方へお尻を移動させる

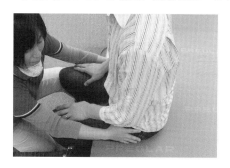 

4）車いす側のお尻を浮かせ、浮き上がったお尻の下にスライディングボードを差し込む

5）スライディングボードを車いすのシートの方向に向ける（シートの中央部分までボードが乗っていることが理想的）

6）車いすの座面より少し高めにベッドの高さを設定する

7) ヘルスケア利用者は車いすのアームサポートとベッド面（もしくは介助バー）を持ち、体を前方へ傾けてお尻を車いすへ滑らせる。介助者は、ヘルスケア利用者が前に滑らないようベッド側の骨盤部分と車いす側の体幹を支えながら、車いす側へ押すように介助する

8) 体をベッド側に傾けて少し前かがみになりながらお尻を真ん中に来るように移動させる

9) スライディングボードを斜め上に引き抜く

☆安全面のワンポイント：ボードを抜く前に移乗していく方向にお尻を押す

## ④ スライディングボードを用いての全介助

ヘルスケア利用者の状態：背もたれがあれば自力で座位をとることが
　　　　　　　　　　　　可能な人（体重がある人はリフトまたは電
　　　　　　　　　　　　動スタンディングリフトが望ましい）

用具：車いす(アームサポート、フットサポート着脱式)、電動ベッド(高
　　さ調節可能なもの)、介助バー、スライディングボード

＊ベッドから車いすへの手順：

1) 1人はヘルスケア利用者を支え、もう1人がベッドに平行して車いすを設置
　する

2) ベッドに近いアームサポートとフットサポートを外す

3) 深く座っている場合、介助者はヘルスケア利用者の身体を一側に傾け、浮い
　たほうの臀部を前方に引き出す動作を数回行い、ベッドの前方へお尻を移動
　させる

4）前方の介助者は、ヘルスケア利用者の体を持ち、車いすと反対側に本人の体を傾け、本人の車いす側のお尻を浮かせる。もう1人の介助者が、お尻の下にスライディングボードを差し込む

5）後方の介助者は、スライディングボードを車椅子のシートの方向に向ける（シートの中央部分までボードが乗っていることが理想的）

6）車椅子の座面より少し高めにベッドの高さを設定する

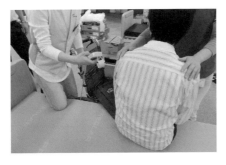

7）前方の介助者は体を支え、後方の介助者はヘルスケア利用者の骨盤を支えながら、介助者の手でゆっくり車いす側へ骨盤を押して滑らせる

8) 前方の介助者は、ヘルスケア利用者の体を移動する側に傾け直して、お尻を真ん中に来るように移動させる

9) 後方の介護者は、ヘルスケア利用者の体側に対してスライディングボードを斜め上に引き抜く

☆安全面のワンポイント：体格が大きくお尻がボードからはみ出ている人はリフトを使用する

# ③ リフト移乗福祉用具

　立位移乗や座位移乗の方法で移乗が困難になってきた場合、通常リフト移乗を選択する。

　ヘルスケア利用者の介助時の負担軽減やリスクの軽減にもつながる。リフト移乗には、リフト本体と、吊り具の２つの福祉用具の選定が必要になる。このリフトは、介助者の能力や知識、移乗場所の環境によっても、対応する方法や福祉用具が異なることになる。

## 1. リフトの特徴

### ① 床走行式リフト

　複数のヘルスケア利用者を介助する場合など、病院・施設等で使う場合が多い。吊り上げられる人の体重がキャスターに直接影響するので、操作は一般的に移動時に重くなる。ベッドや車いすなどの大きさにも影響を受け、福祉用具同士の相性も考えて対応しないと移乗ができない場合がある。また、機種によっては、昇降アームが弧を描いて降ろす地点がずれるので注意が必要である。

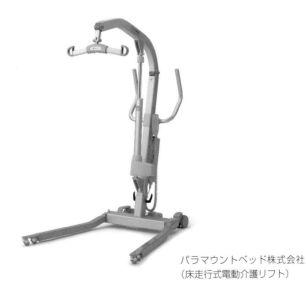

パラマウントベッド株式会社
（床走行式電動介護リフト）

## ② ベッド据え置きタイプリフト

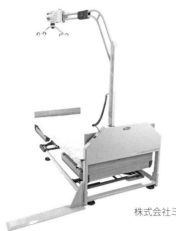

対象者のベッドに設置して使う。リフトを固定するためにベッドの重量を利用している。ベッド下に機構が入り、ベッドそのものの高さが上がる機種もある。移乗がベッド周辺に限られる。

株式会社ミクニ（マイティエースⅡ）

## ③ 設置式据え置きタイプリフト

　レール走行式リフトは、ハンガーを取り付けたベルト部、ベルトを巻き上げる駆動の本体部からできている。本体部分が天井に固定されたレールや据え置きしたレールに沿って移動することができるリフトである。

　部屋の四隅に支柱を立てるとXY軸両方の移動が可能となり、面上に移動することができるので、部屋の中のどこにでも移動でき、降ろすときに目的物の位置をあまり気にせず動作ができる。

　部屋の大きさと空調や天井灯、支柱と出入り口が干渉するなどの問題がなければ、設置式据え置きタイプを使うと持ち上げてからの横移動が容易に行える。

設置式据え置きタイプ　　　　　　やぐらタイプ

明電興産株式会社（アーチパートナー隅っ子）

明電興産株式会社（アーチパートナー）

## ④ 天井走行型

　天井にレールを埋め込むため、天井の強度にもよるが補強工事が必要になる。走行する位置が決まっているので、ベッドの位置は走行位置の下に限定される。

明電興産株式会社（パートナー電動走行式 BMA301）

## ⑤ 利用場所

　ヘルスケア利用者個人での使用か、施設・病院などで複数人での使用か、居室の広さや高さによっても使用機器が異なる。特定の個人の使用の場合は、ベッド据え置きタイプか、設置式据え置きタイプが考えられ、共用での使用の場合は床走行式リフトが考えられる。この床走行式リフトも、欧米では身体負担につながると言われている。体重のある人が対象だと、床走行式はキャスター移動での負担が大きいと考えられる。ただし、日本人は小柄な人が多いので、100kgを超えるような利用者は別として、それほど問題にならないかもしれない。また，リフトによっては持ち上げ能力に制限があるので注意が必要である。

3

リフト移乗福祉用具

# 2. 吊り具の特徴

　リフトの選定は使用環境に左右されるが、吊り具の選定では個々のヘルスケア利用者に合わせる必要がある。対象者の身体にフィットしたものを使わないと、滑落や受傷の危険が発生する。吊り具の選択を間違わなければ、滑落などのリスクは減少する。

　実際には、対象者の体格、使用状況、介助者の能力などで検討し、継続的な確認の下、身体的な状況の変化があれば吊り具の変更を行う。

## ① 脚分離型吊り具

　脚部分が左右分かれてそれぞれの大腿部を包み、交差して吊り上げる。このタイプは、車いす上で着脱ができる。

　臀部から頭部まで包み込んで吊るフルタイプと、頭部まで包まなくても吊れるハーフタイプがあるが、股関節のコントロールができない人（股関節が緩い人）は落下する可能性もあるので、検討が必要となる。

　敷き込み時、坐骨まで包み込むタイプと、座面までで坐骨を包まないタイプがある。

フルタイプ

ハーフタイプ

株式会社ウェル・ネット研究所
（脚分離型ハイバック）

株式会社ウェル・ネット研究所
（脚分離型ローバック）

## ② シート型吊り具

　シート型吊り具で、ハンモックに寝ているような形で吊り上げるので、ハーフタイプは膝のあたりから肩甲骨のあたりまで、フルタイプは頭まで覆ってしまう。車いす上での着脱はしない。車いす上で着脱が難しいヘルスケア利用者はこのタイプのほうが良い。股関節の屈曲制限あるヘルスケア利用者はシート型の6点吊り具を使う。より重度で膝を曲げれないヘルスケア利用者には、足まで覆うシート型もある。

ハーフタイプ

株式会社ウェル・ネット研究所
（シート型スリング ローバック）

フルタイプ

株式会社ウェル・ネット研究所
（シート型スリング ハイバック）

## ③ トイレタイプ吊り具

　排泄介助の時に使う。臀部が大きく開けているので吊り上げたときに、臀部の被服を下ろし、そのまま便器へ着座し、大腿部のストラップを外し、着衣をずらせて排泄する。処理後、その逆の作業で着衣を上げ、吊り上げて臀部を包み込む。脚分離型より装着が簡単なので、股関節の安定した人に使う場合がある。

トイレタイプ

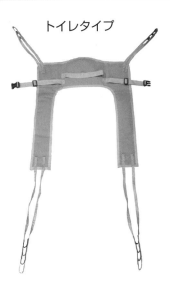

株式会社ウェル・ネット研究所
（シート型スリング ローバック）

## ④ シャワーキャリータイプ

シャワーキャリーの上部が入浴用に分離できるものがある。他の型よりも身体に合わせやすく、このシャワーキャリー上での洗体や入浴もできる。

## ⑤ その他の注意点

実際には、寝返り用、排泄介助用、ディスポーザブルタイプなどこれ以外の吊り具もあるが、大まかには前述の吊り具で分類できる。

吊り具の装着や脱着が、車いす上で容易にできるか否かで脚分離型かシート型かを選択する。

ヘルスケア利用者が初めてリフトを体験する場合、その家族にもどのような感じで吊られるかを体験してもらうと良い。先に家族を吊り上げることによってヘルスケア利用者にイメージを持ってもらい、その後に吊り具の装着など、行為を1つひとつ説明しながらヘルスケア利用者を吊り上げ、問題があるかを確認する。

また、以下の注意点がある。


脚分離型吊り具の対象にならない利用者／患者
　　　足が広がりにくい人
　　　股関節が十分曲がらない人
　　　膝が伸びて固まっている人

刺激が入ると足が突っ張ってしまう人

座ることができない人（起立性低血圧）

太股から切断している人

腰を曲げると痛い人（圧迫骨折など）

人前で足を開けたくない人

身体の震えのある人

痛みのために引き込みができない人

高齢の脳性麻痺、はさみ足や伸展パターン


　リフトの指導時は、使用者（家族・介護職など）がわかりやすいような装着や脱着、使い方を教えるほうが良い。ただし、転落の危険性が持ち上げ時に発生するので、リフトのハンガーのフックに吊り具が掛かっているか確認することについては、重要ポイントとして教える。

　リスクマネジメントの観点から、必要事項を間違えないように理解してもらうが、リスク管理が難しければ、リフトや吊り具を替え、それでも危険が伴うときは、別の移乗方法を検討する。


　定期的に、ヘルスケア利用者の身体状況や介助者の状況を確認する必要がある。現状の吊り具で困難になれば、早急に吊り具を替える。

　リフトは、移乗だけで使うのではなく、排泄介助やリハビリテーションで使うことも考えられる。

　徒手での持ち上げで緊張されるヘルスケア利用者も、リフトで吊ると緊張が緩み、痛みを誘発せずに移乗できるケースもある。

# 3. リフトへの吊り方

## ① 脚分離型　オーソドックスな吊り方の一例

①ベッドから車いすへ（フルタイプ）

1）ベッド上での装着 1

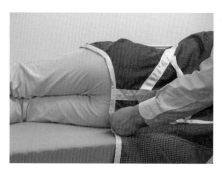

側臥位でまず身体に吊り具を被せ、脊柱（背骨）に吊り具のセンターが来るように調整する

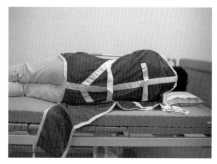

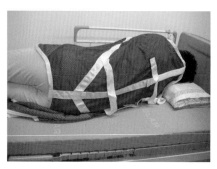

吊り具がセンターからずれないように図の状態のまま仰臥位に戻す

## 2) ベッド上での装着 2

仰臥位に戻して身体の下側の吊り具を引き出し、左右を調整する

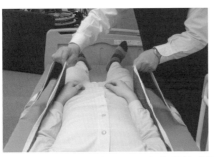
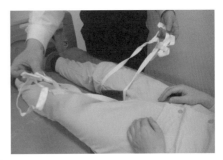

吊り具の敷き込み部分の長さを調整する

## 3) ストラップを交差する

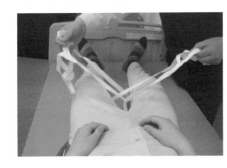

## 4) 調整方法

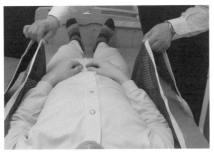
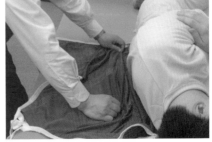

もし左右がずれている場合、戻す幅だけヘルスケア利用者を側臥位にして吊り具を戻し、反対側へ引き出す

### 5）吊り上げ１

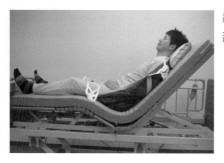

吊り上げる前にベッドを背上げする（頸部への負担が軽減する）

### 6）吊り上げ２

ハンガーにストラップをかける（ヘルスケア利用者にハンガーが当たらないように支える）。吊り具の敷き込み部分の長さを調整する

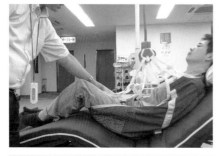

ヘルスケア利用者の足を少し曲げ、吊り具が股に入らないようにストラップを支えながら吊り上げる（吊り上げ始めて吊り具に張力がかかり、少し体が浮き始めたときにスイッチを止め、フックに吊り具がしっかりかかっているかを必ず指差し確認する）

## 7）誘導

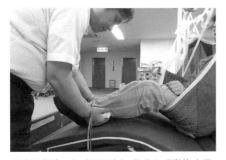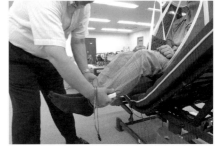

臀部が浮いたら下肢から先に誘導する

## 8）車いすへ

車いすまで移動する

## 9）着座

1. 前方押し着座
車いすのブレーキをし、利用者の膝を前方から押し、車いす背を傾けながらの着座をする。この時、中腰で上方から押すと利用者の大腿骨骨折の危険性が起こる。

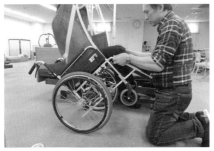

2. 前方車いすキャスターを上げた着座
車いすのブレーキを解除し、キャスターを上げて着座する。

3. 後方介助着座
車椅子のブレーキを解除しグリップを
もってキャスター上げをして着座する。

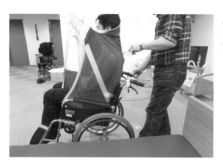

4. 後方引きつけての着座
車いすのブレーキをかけ、吊り具を握っ
て着座する。

## 10）着座の方法各種

前方からキャスターを上げ、着座する

後方からキャスターを上げ、着座する

### 11）車いすからの吊り具の引き抜き 1

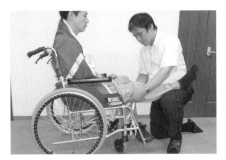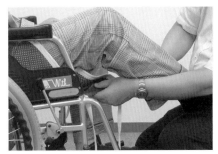

車いす上で大腿部の下のストラップを両方抜く

### 12）車いすからの吊り具の引き抜き 2

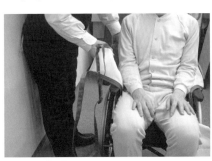

大腿部から臀部にかけてのストラップを
後方まで下げる

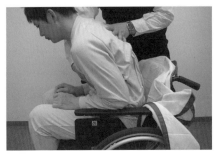

利用者の身体を前傾させ、吊り具を引き抜く

※フルタイプとハーフタイプの吊り方は、おおよそ同じである。
※頸部の支持が必要かで使い分けする。
※ただし、ハーフタイプ使用者でも、平ベッドからの使用時はフルタイプを用
　いると、頸部の支持が楽になり起こしやすくなる。

3
リフト移乗福祉用具

## ②車いすからベッドへ（ハーフタイプ）

### 1）吊り具の装着

背にかけて吊り具の中心と背骨のラインを合わせる

### 2）吊り具の差し込み

座面（座クッションの上）まで落とし込む

### 3）座面にストラップを広げる

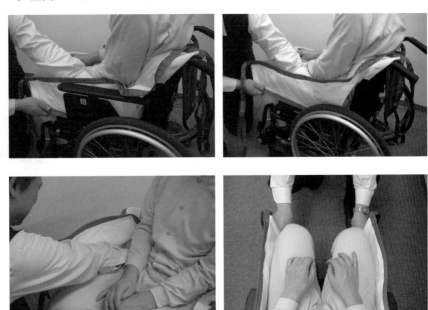

臀部を囲むように座面をラインで広げる

### 4）坐骨に引き込む

前方から一方を固定し、ストラップを引き込む

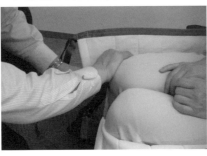

反対側も同様に坐骨の下に引き込む

リフト移乗福祉用具

### 5) 大腿部の下にストラップを通す

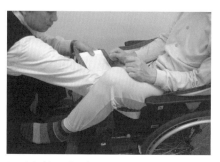 

下肢を持ち上げ、大腿部の下にストラップを通す（大腿部に当たる面は、できるだけシワをつくらずに広げて敷き込む）

### 6) ストラップを交差し、吊り上げる

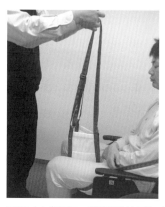 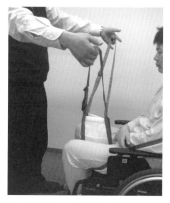

吊り上げ時に、臀部が前ズレしないように、膝を押さえ臀部が浮いたときに、押さえを外すと臀部の皮膚の引きずりが少なくなる（ハンガーのフックに吊り具が掛かっているか確認する）

### 7) 吊り上げ移動

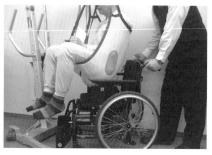

利用者の身体を支え、目的位置へ移動する

### 8）ベッドへの移動

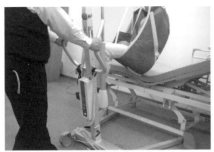

身体から先にベッド上に通し、下肢が
ベッドにあたらないように上げて移す

### 9）ベッドへ降ろす

足部を固定し、足をベースに臀部の位置
を決めて降ろす。ベッドをフラットにし、
シーツ交換やベッド上での吊り具装着と
同じ要領で外す

## ②シート型　オーソドックスな吊り方の一例

### ①ベッドから車いすへ

### 1）ベッド上での装着　1

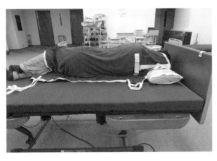

側臥位でまず身体に吊り具を被せ、脊柱
（背骨）に吊り具のセンターが来るよう
に調整し、吊り具の下は膝部の高さで合
わせる

### 2) ベッド上での装着 2

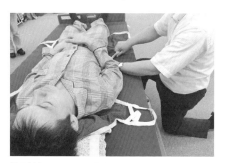 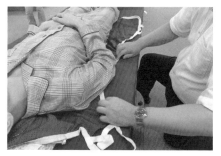

仰臥位に戻して身体の下側の吊り具を引き出し、左右を調整し、吊り具の敷き込み部分の長さを調整する

### 3) 吊り上げ 1

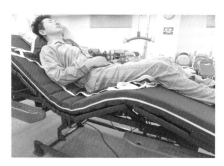

もし左右がずれている場合は、脚分離型吊り具（P61）と同様に修正する。吊り上げる前にベッドを背上げする（頸部への負担が軽減する）

### 4) 吊り上げ 2

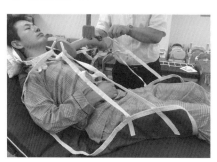

ヘルスケア利用者を吊り上げる（吊り上げ始めて吊り具に張力がかかり、少し体が浮き始めたときにスイッチを止め、フックに吊り具がしっかりかかっているかを必ず指差し確認する）

## 5）誘導

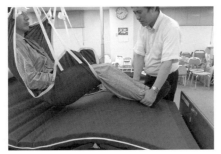

臀部が浮いたら下肢から先に誘導し、車椅子まで移す

## 6）着座

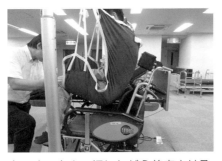 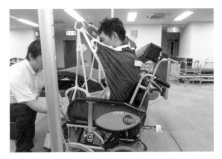

車いすの奥まで押しながら着座させる

## 7）車いすに吊り具を収納する

シート型は車いす上に敷き込んでおく

## ②車椅子からベッドへ

### 1）吊り上げ1

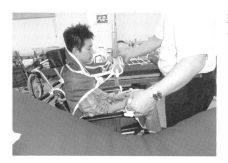

車いすに敷いてある吊り具のストラップを出し、ハンガーのフックに掛ける

### 2）吊り上げ2

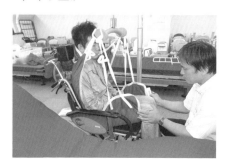

膝を支えながら吊り上げる（この時ハンガーのフックに吊り具が掛かっているか確認する。初心者は指差し確認をする）

### 3）誘導

膝を支えながらベッドへ誘導し、体幹からベッドに移し、足を介助してベッド上に移す

4）ベッド上に移す

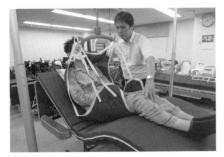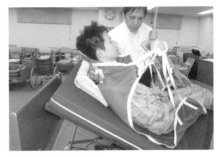

リフトを下げながら、頭部を支えて移す

5）ハンガーを外し、吊り具を外す

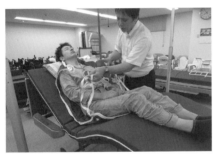

ヘルスケア利用者の顔面に当たらないようにハンガーを少し下げ、注意しながら
外す。ベッドを平らにし、シーツ交換の要領で吊り具を外す

# 4. スタンディングリフト（スタンディングマシーン）

　足関節や膝関節に荷重を支持させながら、体幹の安定などに吊り具を使い、立ち上がるように持ち上げる（英語では Sit to Stand Lift）。ヘルスケア利用者が自ら立ち上がることができる非電動リフトと、立ち上がりを電動でアシストするリフトがある。病院の急性期や回復期から使用すると拘縮の予防につながる。

　足関節や膝関節に拘縮などがあれば、使用することができない。

　早期からのリハビリテーションや介助場面で使用すると、足関節や膝関節の変形が防止でき、一連の流れとともに継続して使用できれば、排泄介助が格段に、安全で簡単にできるようになる。

## ①手動（非電動）スタンディングリフト

　立ち上がりが可能で立位保持ができないヘルスケア利用者や、上肢の力により立ち上がりができるヘルスケア利用者で、膝を膝受けに固定することで体を持ち上げていける人が対象となる。

1）手動（非電動）スタンディングリフトでの立ち上がり

支持すれば自分で立てる人が対象になる。足部、膝部の固定ができ、骨盤の支持ができると安定性が高まる

## 2）手動（非電動）スタンディングリフトで移動

移動介助も容易に行え、トイレなどの移送も容易
に行える

## 3）着座も、介助者の負担なく介護できる

## ②電動スタンディングリフト

自力では立ち上がりが困難なヘルスケア利用者で、足関節と膝関節の両方ともに痛みや拘縮がないことが重要となる。膝関節は、完全に伸展しなくても、ある程度伸展できれば、その角度まで立ち上がらせることができる。

## 1）立ち上がり

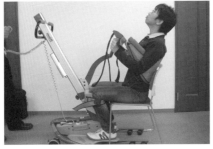

立ち上がりを電動で介助しながら行え、着座も簡単に行える

2）移動

移動が簡単に行える

3）排泄介助

排泄介助を介助者が持ち上げることなく、安定して行える

アルジョハントレー社（Sara3000）

臥位移乗福祉用具

　股関節の屈曲ができず座位になることができない場合や、臥位から座位への体位変換で循環動態に大きな変動を起こす可能性がある場合は、臥位での移乗を選択する。

## 1. 臥位移乗福祉用具

### ① 臥位移乗福祉用具（スライディングボード）

　ベッドとストレッチャーの間をスライディングボードで橋渡しし、移乗する用具。ベッドとストレッチャーの高さの勾配と、スライディングボードの滑りを利用して容易に移乗が可能となる。身体全体がほぼスライディングボード上に乗るように、スライディングボードの長さが身長分は必要となる。

**■対象者の状態**

股関節の拘縮などがあり、座位姿勢を取ることができない人

**■用具**

高さ調節可能なストレッチャー
高さ調節可能な電動ベッド
患者の身長程度のスライディングボード
シーツなど

**■方法**

1) ストレッチャー、スライディングボードを準備する

2) ベッド上の臥床の対象者を側臥位にし、対象者の臀部を中心に、下にシーツを敷き込む

3) ストレッチャーをベッドの横に密着させて平行に配置し、ブレーキをかける

4) ストレッチャーをベッドよりわずかに低くする。逆にストレッチャーからベッドへの移乗では、ストレッチャーをわずかに高くする。ストレッチャーとベッドとの高低差を大きくすると、移乗速度が速くなり移乗スピードをコ

ントロールすることが難しくなるので注意する。ストレッチャーへの移乗のときは、対象者に転落のリスクがあるため必ずサイドレールをしておく

5）移乗する側から、対象者の臀部に敷き込んだシーツの下へスライディングボードを差し込む。スライディングボードの上に対象者の頭部と足を乗せる

6）ストレッチャー側の介助者が、敷き込んだシーツを手前に引き、ゆっくりと対象者をストレッチャーに移乗させる

7）ストレッチャーに移乗できたら、スライディングボードをはずし、仰臥位に整え、もう片方のサイドレールを上げる

8）対象者に掛物をかけ、介助者が移送しやすいようストレッチャーの高さを調整し、ストッパーを外して走行する。ストレッチャーでの移送は、2人で行い、対象者の頭側と足側に立つ

## ② 特殊リフト

　特殊なリフトと吊り具を使用し、臥位のまま吊り上げ、ベッドからストレッチャーへ移乗する

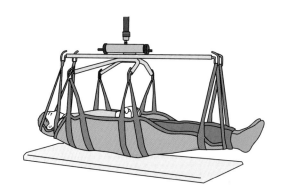

# ❺ その他スライディングシート
## （ベッド上移動福祉用具）

　ベッド上で過ごしていると、左右どちらかに寄ってしまったり、足元側に身体が寄ってしまったりすることがある。自力でベッドの中央に戻ることができない場合は、ベッド上での移動を手伝うことが必要となる。介助者がベッド上でヘルスケア利用者を持ち上げるのではなく、滑らせるときに使用する。ベッドのマットレスとヘルスケア利用者との間に発生する摩擦を減らして、介助者が動かしたり、ヘルスケア利用者が自分で動くことができる。

## 1. スライディングシートの特徴

### ① スライディングシートのタイプ

スライディングシートには、ロールになったタイプと1枚の布を折りたたんで摩擦を減らすタイプがある

ロール状タイプ

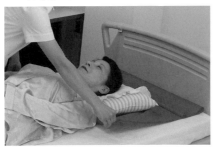

株式会社モリトー（移座えもんシート）

1枚タイプ

株式会社ウィズ（トランスファーシート フラット L）

### ② スライディングシートの違い

厚手の生地のタイプ

パシフィックサプライ株式会社
（ノルディックスライド ショート）

スライディングシートには、①のように薄い生地と、キルティングのような厚手の生地でできているタイプがある。また、スライディングシートには、滑る方向が一方のタイプと全方向へ動くタイプがある。

# 2. スライディングシートの敷き方

## ① スライディングシートを敷く前に

ベッド上のヘルスケア利用者を動かす場合には、介助者のできるだけ腰の高さまでベッドを上げることが重要になってくる。写真のように低い位置で作業をすると腰を曲げる原因になる

膝の高さでの作業

腰の高さでの作業

## ② スライディングシートを敷く

1) スライディングシートを敷き込む

ヘルスケア利用者を側臥位に介助する。このとき無理やり動かさないでヘルスケア利用者が転がるような動きで介助する

転がる動きで介助する

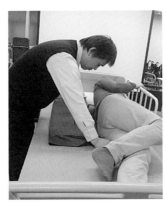
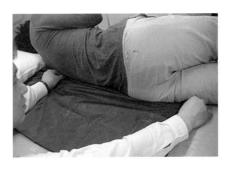

ヘルスケア利用者にシーツを敷き込む要領でスライディングシートを敷き込む

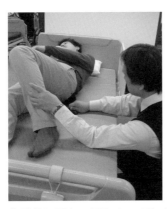

仰臥位に戻して下になっていたほうのスライディングシートを敷き込む

### 2) スライディングシートで頭のほうへ動く

自分で動ける場合は、足で少しお尻を上げるようにして頭のほうへ動く

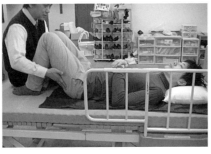

自分で動けない場合は、ヘルスケア利用者を頭のほうへ介助する

5

その他スライディングシート

### 3）スライディングシートを外す

図のようにスライディングシートの下から回しながら滑らせて外していく

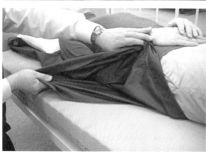

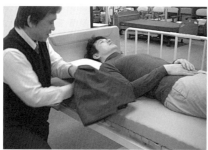

### 4）スライディングシートで動かす別の方法

 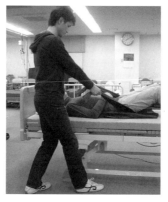

腕で動かすと腰を曲げたりするので、シーツなどを利用して腰を曲げずに動かす

重心の支持基底面内で腰を曲げずに膝の
曲げ伸ばしで移動させる

## 5）ベッド上で姿勢変換を介助するとき

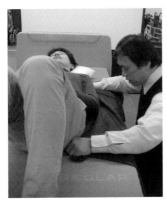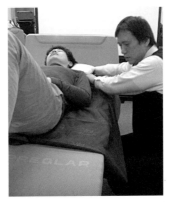

スライディングシートを寝ている人の手前半分程度に敷き込む

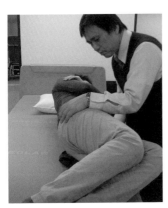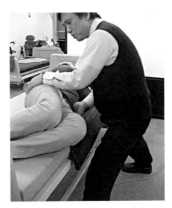

敷き込んでいるほうへヘルスケア利用者の重心を傾ける

その他スライディングシート

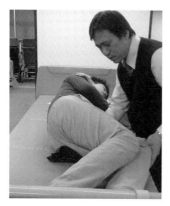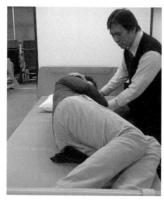

シートの上に体が半分乗っているのでベッドの中央へ滑らせる

姿勢保持用のクッションを敷き込む

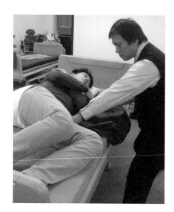

シートを抜く

☆使い終わったスライディングシートは、別の袋に入れて保管する（ベッドに掛けておくと滑り落ちて、人が踏むと転ぶ場合がある）

# 付　録

持ち上げのためのよい手作業技術 （イギリス安全衛生庁）
職場における腰痛予防対策指針及び解説 （厚生労働省）

# 持ち上げのためのよい手作業技術

イギリス安全衛生庁「Manual handling at work：A brief guide」（2012年）より抜粋（翻訳：上田喜敏）

　　ここに、人による安全な手作業を訓練する時に用いるのに関して適しているいくつかの実際的なこつがある。

### 持ち上げ／手作業の前に考えること
その持ち上げを計画する。手作業のための補助用具を用いることができるか？置かれている物を動かす負荷はどこにあるか？ 援助は負荷に対して必要か？ 廃棄された覆い隠す原料のような障害物を削除する。長い距離の持ち上げについては、持ち手を変更するためにテーブルまたはベンチの上に負荷を一旦置き、変更して行うことを考える。

### 安定した姿勢を取り入る
バランス（それが床にある場合のようなかたわらの負荷のとき）を維持するために、足は、1本の脚で別々にわずかに前にあるようにする。作業者は、彼らの安定を維持する持ち上げの間に、彼らの足を動かす準備をする。窮屈な衣類や不適当な靴（それらはこれを難しくさせる）を避ける。

### よい持ち手にする
可能な場合には、負荷には体をできるだけ接近して抱きつく。このとき手で物をしっかりとつかむとより良い。

### よい姿勢で始める
持ち上げの最初では、腰、股関節と膝をあまり曲げないですると背部を曲げやすくなる（前かがみ）、股関節と膝を十分屈曲（スクワット）するとより好ましい。

### 持ち上げている間にそれ以上背部を屈曲しない
腰が負荷を上げ始める前にまっすぐしたなら、背中を曲げることが起きる。

### 負荷を腰の近く保っておく
持ち上げる間、できる限り負荷を体の近くで保っておく。身体に隣接した負荷の最も重い面を維持しておく。負荷へ近づくアプローチが可能ではないなら、それを持ち上げることを試みる前に、身体のほうへそれを滑らせようとしなさい。

特に腰が曲がっている間、腰をねじらせないか
あるいは側面に曲がらないように避ける
肩は水平面に保たれるべきであり、股関節部と同じ方向に面しているべきである。
同時に足を動かして回転することでねじれた持ち上げより良くなる。

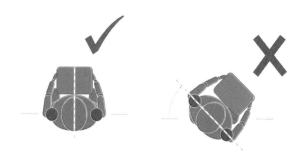

**手作業時頭を保つ**
一旦それがしっかりと支えられたならば、負荷で頭を下げないで前方を見る。

**滑らかに移動する**
これがコントロールを維持することをより難しくするので、損傷のリスクを高めるので、負荷は急に動かさないか急につかまない。

**持ち上げないか手作業をしないとより容易に管理することができる**
人が持ち上げることができるものと、それらが安全に持ち上げることができるものとの間の違いがある。疑問なら、助言を求めるか、または支援を手に入れなさい。

**下へ降ろして、次に、調節する**
負荷の正確な位置決めが必要な場合は、まず降ろして、次に、望む位置にそれを滑らせなさい。

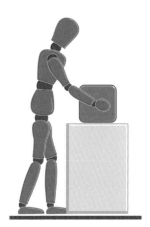

# 職場における腰痛予防対策指針及び解説

厚生労働省「職場における腰痛予防対策指針」（平成 25 年 6 月 18 日）別添資料より抜粋

## 【指針】

### Ⅳ　福祉・医療分野等における介護・看護作業

　　高齢者介護施設・障害児者施設・保育所等の社会福祉施設、医療機関、訪問介護・看護、特別支援学校での教育等で介護・看護作業等を行う場合には、重量の負荷、姿勢の固定、前屈等の不自然な姿勢で行う作業等の繰り返しにより、労働者の腰部に過重な負担が持続的に、又は反復して加わることがあり、これが腰痛の大きな要因となっている。

　　このため、事業者は、次の対策を講じること。

### 1　腰痛の発生に関与する要因の把握

　　介護・看護作業等に従事する労働者の腰痛の発生には、「介護・看護等の対象となる人（以下「対象者」という。）の要因」「労働者の要因」「福祉用具（機器や道具）の状況」「作業姿勢・動作の要因」「作業環境の要因」「組織体制」「心理・社会的要因」等の様々な要因が関与していることから、これらを的確に把握する。

### 2　リスクの評価（見積り）

　　具体的な介護・看護等の作業を想定して、労働者の腰痛の発生に関与する要因のリスクを見積もる。リスクの見積りに関しては、個々の要因ごとに「高い」「中程度」「低い」などと評価を行い、当該介護・看護等の作業のリスクを評価する。

### 3　リスクの回避・低減措置の検討及び実施

　　2で評価したリスクの大きさや緊急性などを考慮して、リスク回避・低減措置の優先度等を判断しつつ、次に掲げるような、腰痛の発生要因に的確に対処できる対策の内容を決定する。

(1) 対象者の残存機能等の活用

　　対象者が自立歩行、立位保持、座位保持が可能かによって介護・看護の程度が異なることから、対象者の残存機能と介助への協力度等を踏まえた介護・看護方法を選択すること。

(2) 福祉用具の利用

　　福祉用具（機器・道具）を積極的に使用すること。

(3) 作業姿勢・動作の見直し

　イ　抱上げ

　　移乗介助、入浴介助及び排泄介助における対象者の抱上げは、労働者の腰部に著しく負担がかかることから、全介助の必要な対象者には、リフト等を積極的に使用することとし、原則として人力による人の抱上げは行わせないこと。また、対象者が座位保持できる場合にはスライディングボード等の使用、立位保持できる場合にはスタンディングマシーン等の使用を含めて検討し、対象者に適した方法で移乗介助を行わせること。

　　人力による荷物の取扱い作業の要領については、「I重量物取扱い作業」によること。

　ロ　不自然な姿勢

　　ベッドの高さ調節、位置や向きの変更、作業空間の確保、スライディングシート等の活用により、前屈やひねり等の姿勢を取らせないようにすること。特に、ベッドサイドの介護・看護作業では、労働者が立位で前屈にならない高さまで電動で上がるベッドを使用し、各自で作業高を調整させること。

　　不自然な姿勢を取らざるを得ない場合は、前屈やひねりの程度を小さくし、壁に手をつく、床やベッドの上に膝を着く等により身体を支えることで腰部にかかる負担を分散させ、また不自然な姿勢をとる頻度及び時間も減らすこと。

付録

(4) 作業の実施体制

　（2）の福祉用具の使用が困難で、対象者を人力で抱え上げざるを得ない場合は、対象者の状態及び体重等を考慮し、できるだけ適切な姿勢にて身長差の少ない2名以上で作業すること。労働者の数は、施設の構造、勤務体制、作業内容及び対象者の心身の状況に応じ必要数を確保するとともに、適正に配置し、負担の大きい業務が特定の労働者に集中しないよう十分配慮すること。

(5) 作業標準の策定

　腰痛の発生要因を排除又は低減できるよう、作業標準を策定すること。作業標準は、対象者の状態、職場で活用できる福祉用具（機器や道具）の状況、作業人数、作業時間、作業環境等を考慮して、対象者ごとに、かつ、移乗、入浴、排泄、おむつ交換、食事、移動等の介助の種類ごとに策定すること。作業標準は、定期的及び対象者の状態が変わるたびに見直すこと。

(6) 休憩、作業の組合せ

　イ　適宜、休憩時間を設け、その時間にはストレッチングや安楽な姿勢が取れるようにすること。また、作業時間中にも、小休止・休息が取れるようにすること。

　ロ　同一姿勢が連続しないよう、できるだけ他の作業と組み合わせること。

(7) 作業環境の整備

　イ　温湿度、照明等の作業環境を整えること。

　ロ　通路及び各部屋には車いすやストレッチャー等の移動の障害となるような段差等を設けないこと。また、それらの移動を妨げないように、機器や設備の配置を考えること。機器等にはキャスター等を取り付けて、適宜、移動できるようにすること。

　ハ　部屋や通路は、動作に支障がないように十分な広さを確保する

こと。また、介助に必要な福祉用具（機器や道具）は、出し入れしやすく使用しやすい場所に収納すること。

ニ　休憩室は、空調を完備し、適切な温度に保ち、労働者がくつろげるように配慮するとともに、交替勤務のある施設では仮眠が取れる場所と寝具を整備すること。

ホ　対象者の家庭が職場となる訪問介護・看護では、腰痛予防の観点から作業環境の整備が十分なされていないことが懸念される。このことから、事業者は各家庭に説明し、腰痛予防の対応策への理解を得るよう努めること。

(8)　健康管理

　　長時間労働や夜勤に従事し、腰部に著しく負担を感じている者は、勤務形態の見直しなど、就労上の措置を検討すること。その他、指針本文4により、適切に健康管理を行うこと。

(9)　労働衛生教育等

　　特に次のイ〜ハに留意しつつ、指針本文5により適切に労働衛生教育等を行うこと。

　イ　教育・訓練

　　労働者には、腰痛の発生に関与する要因とその回避・低減措置について適切な情報を与え、十分な教育・訓練ができる体制を確立すること。

　ロ　協力体制

　　腰痛を有する労働者及び腰痛による休業から職場復帰する労働者に対して、組織的に支援できる協力体制を整えること。

　ハ　指針・マニュアル等

　　職場ごとに課題や現状を考慮した腰痛予防のための指針やマニュアル等を作成すること。

付録

【解説】

Ⅳ福祉・医療分野等における介護・看護作業

　　福祉・医療分野等において労働者が腰痛を生じやすい方法で作業することや腰痛を我慢しながら仕事を続けることは、労働者と対象者双方の安全確保を妨げ、さらには介護・看護等の質の低下に繋がる。また、いわゆる「新福祉人材確保指針」（平成19年厚生労働省告示第289号「社会福祉事業に従事する者の確保を図るための措置に関する基本的な指針」）においても、「従事者が心身ともに充実して仕事が出来るよう、より充実した健康診断を実施することはもとより、腰痛対策などの健康管理対策の推進を図ること。（経営者、関係団体、国、地方公共団体）」とされており、人材確保の面からも、各事業場においては、組織的な腰痛予防対策に取り組むことが求められる。

　　ここでは、リスクアセスメントと労働安全衛生マネジメントシステムの考え方に沿った取り組みについて、「6リスクアセスメント及び労働安全衛生マネジメントシステム」で解説した基本的事項を補足していく。

1　腰痛の発生に関与する要因

(1) 介護・看護作業等の特徴は、「人が人を対象として行う」ことにあることから、対象者と労働者双方の状態を的確に把握することが重要である。対象者側の要因としては、介助の程度（全面介助、部分介助、見守り）、残存機能、医療的ケア、意思疎通、介助への協力度、認知症の状態、身長・体重等が挙げられる。また、労働者側の要因としては、腰痛の有無、経験年数、健康状態、身長・体重、筋力等の個人的要因があり、さらには、家庭での育児・介護の負担も腰痛の発生に影響を与える。

(2) 福祉用具（機器や補助具）は、適切な機能を兼ね備えたものが必

要な数量だけあるかどうか確認する。

(3) 作業姿勢・動作の要因として、移乗介助、入浴介助、排泄介助、おむつ交換、体位変換、清拭、食事介助、更衣介助、移動介助等における、抱上げ、不自然な姿勢（前屈、中腰、ひねり、反り等）および不安定な姿勢、これら姿勢の頻度、同一姿勢での作業時間等がある。こうした腰痛を生じやすい作業姿勢・動作の有無とその頻度及び連続作業時間が適切かをチェックする。

(4) 作業環境要因として、温湿度、照明、床面、作業高、作業空間、物の配置、休憩室等が適切かをチェックする。

(5) 作業の実施体制として、適正な作業人数と配置になっているか、労働者間の協力体制があるか、交代勤務（二交替、三交替、変則勤務等）の回数やシフトが適切か検討する。休憩・仮眠がとれるか、正しい教育が行われているかについて把握する。

(6) 心理・社会的要因については、腰痛の悪化・遷延に関わるとされ、逆に、腰痛を感じながら仕事をすることそのものがストレス要因となる。また、仕事への満足感や働きがいが得にくい、職場の同僚・上司及び対象者やその家族との人間関係、人員不足等から、強い腰痛があっても仕事を続けざるを得ない状況、腰痛で休業治療中の場合に生じうる職場に迷惑をかけているのではという罪悪感や、思うように回復しない場合の焦り、職場復帰への不安等が、ストレス要因として挙げられる。こうした職場における心理・社会的要因に対しては、個人レベルでのストレス対処法だけに依拠することなく、事業場で組織として対策に取り組むことが求められる。

2 リスクの評価（見積り）

具体的な介護・看護等の作業を想定して、例えば、各作業における腰痛発生に関与する要因ごとに、「高い」「中程度」「低い」などと

リスクを見積もる。

　なお、腰痛の発生に関与する要因は多岐にわたることから、リスク評価を行う対象となる作業も多くなる。対策の優先順位付けする一環として、または、リスクアセスメントを試行的に開始するにあたって、重篤な腰痛の発生した作業や腰痛を多くの労働者が訴える作業等を優先的にリスク評価の対象とすることが考えられる。

（1）介護作業者の腰痛予防対策チェックリスト

　職場でリスクアセスメントを実施する際に、産業現場では様々なチェックリストが、その目的に応じて使用されているが、腰痛予防対策でもチェックリストは有用なツールとなる。参考4にリスクアセスメント手法を踏まえた「介護作業者の腰痛予防対策チェックリスト」を示す。

（2）介護・看護作業等におけるアクション・チェックリスト

　本格的なリスクアセスメントを導入するまでの簡易な方法として、実施すべき改善対策を選択・提案するアクション・チェックリストの活用も考えられる。アクション・チェックリストは、「6．リスクアセスメント及び労働安全衛生マネジメントシステム」で解説したように、改善のためのアイデアや方法を見つけることを目的とした改善・解決志向形のチェックリストである。アクション・チェックリストには、対策の必要性や優先度に関するチェックボックスを設ける。ここでは、具体的なアクション・チェックリストの例を「介護・看護作業等におけるアクション・チェックリスト（例）」（参考5）に示す。この例では、各対策の「いいえ」「はい」の選択や「優先」をチェックするにあたって合理的な決定ができるよう、リスクの大きさを推測すること（リスクの見積り）が重要である。

3　リスクの回避・低減措置の検討及び実施

(1)　対象者の残存機能の活用

　　対象者が労働者の手や身体、手すり等をつかむだけでも、労働者の負担は軽減されることから、予め対象者の残存機能等の状態を確認し、対象者の協力を得た介護・看護作業を行う。

(2)　福祉用具の利用

　　スライディングボードを利用して、ベッドと車いす間の移乗介助を行うには、肘置きが取り外し又は跳ね上げ可能な車いすが必要である。その他、対象者の状態に合った車いすやリフトが利用できるよう配慮すること。

　　なお、各事業場においては、必要な福祉用具の種類や個数を検討し、配備に努めること。

(3)　作業姿勢・動作の見直し

　イ　抱上げ

　　移乗作業や移動時に対象者の残存機能を活かしながら、スライディングボードやスライディングシートを利用して、垂直方向への力を水平方向に展開することにより、対象者を抱え上げずに移乗・移動できる場合がある。また、対象者が立位保持可能であればスタンディングマシーンが利用できる場合がある。

　ロ　不自然な姿勢

　　不自然な姿勢を回避・改善するには、以下のような方法がある。

（イ）対象者にできるだけ近づいて作業する。

（ロ）ベッドや作業台等の高さを調節する。ベッドの高さは、労働者等がベッドサイドに立って大腿上部から腰上部付近まで上がることが望ましい。

（ハ）作業面が低くて調節できない場合は、椅子に腰掛けて作業するか、ベッドや床に膝を着く。なお、膝を着く場合は、膝パッドの装着

付
録

や、パッド付きの作業ズボンの着用などにより、膝を保護することが望ましい。

（ニ）対象者に労働者が正面を向けて作業できるように体の向きを変える。

（ホ）十分な介助スペースを確保し、手すりや持ち手つきベルト等の補助具を活用することにより、姿勢の安定を図る。

(4) 作業の実施体制

　労働者の数は適正に配置する必要があるが、やむを得ない理由で、一時的に繁忙な事態が生じた場合は、労働者の配置を随時変更する等の体制を整え、負担の大きい業務が特定の労働者に集中しないよう十分配慮すること。

　介護・看護作業では福祉用具の利用を積極的に検討するが、対象者の状態により福祉用具が使用できず、どうしても人力で抱え上げざるを得ない時は、できるだけ複数人で抱えるようにすること。ただし、複数人での抱上げは重量の軽減はできても、前屈や中腰等の不自然な姿勢等による腰痛の発生リスクは残るため、抱え上げる対象者にできるだけ近づく、腰を落とす等、腰部負担を少しでも軽減する姿勢で行うこと。また、お互いの身長差が大きいと腰部にかかる負荷が不均等になるため、注意すること。

(5) 作業標準の策定

　作業標準は、作業ごとに作成し、対象者の状態別に、作業手順、利用する福祉用具、人数、役割分担などを明記する。介護施設等で作成される「サービス計画書（ケアプラン）」の中に作業標準を入れるのも良い。

　訪問介護の場合には、対象者の自宅に赴いて介護作業を行うため、対象者の家の特徴（布団又はベッド、寝室の広さ等）や同居家族の有無や協力の程度などの情報をあらかじめ十分把握し、これらを作

業標準に生かして、介護作業を進める。介護作業における作業標準の作成例を参考6に示す。

(6) 休憩、作業の組合せ

介護・看護作業では、全員が一斉に休憩をとることが難しいため、交代で休憩できるよう配慮すること。また、その時間を利用して、適宜、ストレッチングを行うこと。

訪問介護・看護において、一人の労働者が一日に複数の家庭を訪問する場合は、訪問業務の合間に休憩・休息が少しでもとれるよう、事業場が派遣のコーディネートにおいて配慮すること。

(7) 作業環境の整備

イ 不十分な暖房設備下での作業や、入浴介助や風呂掃除により体幹・下肢が濡れた場合の冷え等は、腰痛の発生リスクを高める。温湿度環境は、作業に適した温湿度に調節することが望ましいが、施設で対象者が快適に過ごす温度が必ずしも労働者に適しているとは限らない。また、訪問介護・看護では労働者が作業しやすい温湿度に調整できるとは限らないため、衣服、靴下、上履き等により防寒対策をとることが必要となるので、衣類等による調整が必要となる。

介護・看護作業等の場所、通路、階段、機器類の形状が明瞭に分かることは、つまずき・転倒により労働者の腰部に瞬間的に過度な負担がかかって生じる腰痛を防ぎ、安全対策としても重要である。

ロ 車いすやストレッチャーが通る通路に段差があると、抱上げが生じたり、段差を乗り越えるときの強い衝撃がかかったりするため、段差はできるだけ解消するか、もしくは段差を乗り越えずに移動できるようレイアウトを考える。

ハ 狭い場所での作業は、腰痛発生のリスクを高める。物品や設備のレイアウト変更により、作業空間を確保できる場合がある。トイレのような狭い作業空間は、排泄介助が行いやすいように改築するか、

付録

または手すりを取り付けて、対象者及び労働者の双方が身体を支えることができるように工夫すること。

ニ　労働者が、適宜、疲労からの回復を図れるよう、快適な休憩室や仮眠室を設けること。

ホ　訪問介護・看護は対象者の家庭が職場となるため、労働者によって適切な作業環境を整えることが困難な場合が想定される。寒い部屋で対象者を介護・介護せざるを得ない、対象者のベッド周りが雑然としており、安全な介護・看護ができない、あるいは、対象者やその家族の喫煙によって労働者が副流煙にばく露する等、腰痛の発生に関与する要因が存在する場合には、事業者は各家庭に説明し、対応策への理解を得るよう努力する。

(8) 健康管理

指針本文「4健康管理」により、適切に健康管理を行う。

(9) 労働衛生教育等

イ　教育・訓練

腰痛発生の予防対策のための教育・訓練は、腰部への負担の少ない介護・看護技術に加え、リフト等の福祉用具の使用方法やストレッチングの方法も内容とし、定期的に実施すること。

ロ　協力体制

腰痛を有する労働者及び腰痛による休業から職場復帰する労働者に対して、組織的に支援できるようにすること。また、労働者同士がお互いに支援できるよう、上司や同僚から助言・手助け等を受けられるような職場作りにも配慮すること。

ハ　指針・マニュアル等

腰痛予防のための指針やマニュアル、リスクアセスメントのためのチェックリストは、職場の課題や現状を考慮し、過去の安全衛生活動や経験等をいかして、職場に合ったものを作成すること。腰痛

予防対策を実施するための方針がいったん定まったら、衛生委員会等の組織的な取組みの下に、労働安全衛生マネジメントシステムの考え方に沿った実践を粘り強く行うことが重要である。

4　リスクの再評価、対策の見直し及び実施継続

リスク回避・低減措置の実施後、新たな腰痛発生リスクが生じた場合や腰痛が実際に発生した場合は、担当部署や衛生委員会に報告し、腰痛発生の原因の分析と再発防止対策の検討を行うこと。腰痛等の発生報告は、腰痛者の拡大を防ぐことにつながる。

付
録

# あとがき

　この本は、「移乗移動に伴う福祉用具と介助研究会」のメンバーと共に長年かけて作り上げたものです。腰痛対策としての姿勢の注意点とリフトをはじめ、スライディングボードやスライディングシートの使い方について述べた本です。福祉用具は難しいと考えている方にとって見直すことができる本だと確信しています。

　日本の介護／看護／リハビリテーションに関わる人々が、介助作業で腰痛に苦しんでいる状態から、安全に介助作業（セーフティケア）をすることができるようになればと書いた本です。また、利用者／患者の方々にとっても手作業・徒手的介助（マニュアルハンドリング）で介助を受けることが不快で、危険に満ちています。利用者／患者の方々にとって安全で快適な介助を受けること（セーフティケア）ができるためにも福祉用具を利用することで実現できます。

　人間工学は、英語（主にヨーロッパ）で Ergonomics といわれています。"Ergonomics" とはギリシャ語の "ergon" という労働・仕事を意味する言葉と "nomos" という法則を意味する言葉です。すなわち人とシステム構成要素間の相互作用について理解する学問です。

　ヘルスケア部門の人間工学では、介護／看護／リハビリテーションに関わる人々と利用者／患者の方々の両者にとって安全で快適な状態を作ることが労働・仕事の法則になります。

　日本の保健衛生業にたずさわる人々も腰痛に悩まされていますが、世界中のヘルスケア部門の人々に共通する状態です。将来この状態を改善するために、国際標準化機構（ISO）から国際規格化がなされることを期待しながら、この本を参考にしながら日本のヘルスケア部門の業務改善がなされることを期待しています。

## 上田喜敏 (うえだ・ひさとし)

理学療法士・博士（工学）
国際患者介助人間工学委員会メンバー（International Panel of Patient Handling Ergonomics（IPPHE））

[プロフィール]
1991 〜 2007 年 3 月まで箕面市にて勤務（子どものリハビリテーション、地域リハビリテーション、障害福祉課（日常生活給付係や住宅改造助成事業担当）、介護保険訪問リハビリテーション、病院リハビリテーション（急性期・回復期担当））
2007 年〜現・森ノ宮医療大学保健医療学部理学療法学科教授

[ 研究領域 ]
人間工学、福祉用具研究、安全な患者介助（Safe Patient Handling ＝ SPH）

[ 研究・発表 ]
「最適なベッド高さにおける介助作業効率についての生理学的研究」（フランスベッド・メディカルホームケア研究・助成財団 2008）
「介助作業実態分析から考えられるベッドでの安全な患者／利用者介助に関する人間工学的手法の研究」（徳島大学大学院 2012）
「介助作業中の腰痛調査とベッド介助負担評価」（福祉のまちづくり研究 2012）ほか

[ 出　　版 ]
「リフトリーダー養成研修テキスト」（共著：テクノエイド協会 2009）
「腰を痛めない介護・看護」（共著：テクノエイド協会 2011）
「介助作業中の腰痛調査とベッド介助負担評価」（福祉のまちづくり研究 2012）
「Guidebook for Architects and Planners」ArjoHuntleigh 社の評論者メンバー（2014）

「移乗移動に伴う福祉用具と介助研究会」メンバーで出版協力していただいた方々（順不同）

明石 圭司、古川 知英、木村 祥明、小井 美枝、坂野 智裕、皿海 英次、杉本 吉恵、田中 翔子、谷口 昌宏、福田 吉治、淵上 敬史、細本 愛子、中津川 記代、河津 聡

セーフティケアの介護・看護　改訂版
腰痛を起こさない介助技術と福祉用具

2020 年 7 月 15 日　第 1 版第 1 刷発行

編著者　上田喜敏
発行者　松井直樹
発行所　株式会社ヒューマン・ヘルスケア・システム
〒 103-0003　東京都中央区日本橋横山町 2-4
TEL：03-5640-2376　FAX：03-5640-2373
URL：http://www.hhcs.co.jp/　E-MAIL：info@hhcs.co.jp
表紙・本文デザイン　加藤千晶
イラスト　株式会社ブルーフイールド　藤田侑巳
印刷・製本　株式会社平河工業社